Felipe González /Paul Krugman

Mikhail Gorbachev/ Jorge G. Castañeda / Jorge Ramos

Thomas L. Friedman / Germán Santamaría / Tomás Eloy Martínez

OBAMA
RESPUESTAS A LA CRISIS

1ª edición: marzo de 2009
2ª edición: abril de 2009

©   **Editorial La Oveja Negra Ltda., 2009**
editovejanegra@yahoo.es
Cra. 14 Nº 79 - 17 Bogotá, Colombia

ISBN: **978-958-06-1116-5**

Coordinación y preparación editorial: José Gabriel Ortiz A.

Fotografía portada: Damon Winter -NYT

Traducción: Víctor Manuel Rojas

Impreso por Induprint

Impreso en Colombia - Printed in Colombia

ESTE LIBRO

Barack Hussein Obama es un sorprendente ciudadano universal. Hijo de un padre negro, economista de Kenya, y de una bella madre blanca. Vivió su infancia en Hawai, luego fue abandonado por su padre, educado en Indonesia por su segundo padre y finalmente por sus abuelos blancos para graduarse con honores en la Universidad de Columbia y posgrado en la prestigiosa Universidad de Harvard. Se casa con Michelle, quien llega a ser una de las 100 mejores abogadas estadounidenses.

Al ser elegido Presidente de la nación más poderosa, EE. UU. nos envía un mensaje como la más sólida y admirable democracia del mundo, que puede elegir a un negro después de sobrellevar una centenaria guerra de razas. Que es posible un segundo sueño americano.

Pero como Presidente le corresponde dar **Respuestas a la Crisis Económica Mundial**, que se presenta «... *peligrosa, brutal y larga*» como nos predice Paul Krugman, el estadounidense Premio Nobel 2008 de Economia.

De lo que haga o deje de hacer el Presidente Obama, dependerá la economía de todos los demás países.

¿Logrará refundar a EE. UU. con un Nuevo Contrato Social?

¿Logrará implementar una regulacion financiera draconiana o tendrá que acudir a la nacionalización de la desaforada banca americana?

El libro se inicia con un ameno relato de la **Historia Biográfica** de Barack Obama y contiene un selecto **Anecdotario** de su condición humana.

En el tema de detener el incontenible huracán de la Crisis Económica, el libro presenta las diferentes medidas del **Plan Anticrisis**, que se inició con su Ley de Estímulo Económico, para planificar un salvamento de US$787.000 millones destinado a los sectores que prioritariamente requieren apalan- carse e intentar detener la caída del empleo y la atroz crisis hipotecaria que afectó inicialmente a 9 millones de estadounidenses; y con el anuncio del presupuesto para la nación de USD$3,55 billones con fuertes recortes en el gasto, adquisición de activos financieros de la Banca por US$750.000 millones y mayores impuestos para el 2% de los ciudadanos estadounidenses, es decir los que tienen ingresos superiores a US$250.000 anuales.

Un segundo tema de fondo son sus **14 Grandes Planes en los Temas Sociales** para refundar a los EE. UU. con un Nuevo Contrato Social, que el libro recoge en detalle y su visión sobre Irak.

Este libro ha logrado reunir los análisis y reflexiones de ocho grandes pensadores. Procedimos a la búsqueda de un selecto grupo de escritores y pensadores y procedimos a realizamos acuerdos puntuales para tenerlos en esta publicación.

Para **Felipe González**, el destacado Ex Presidente de España *«EE. UU. no puede solo; sin EE. UU. no podemos»* y *«las expectativas generadas por el relevo presidencial en EE. UU. no depende sólo de Obama, sino también de la disposición que otros tengan para aprovechar este cambio de significación histórica».*

Mikhail Gorbachev considera que el Presidente Obama luego de *«enterrar el legado de la esclavitud y el racismo»* le corresponderá pasar la página a *«El 'consenso de los Washingtonianos' que asumían que la economía mundial podría ser diseñada desde un solo centro ha sido desacreditada como modelo global. Tal consenso se basaba totalmente en las utilidades y en el consumo excesivo, y en las instituciones fracasadas y obsoletas»*.

Para **Paul Krugman**, Premio Nobel de Economía 2008, la labor básica del Presidente Obama tendrá que ser la inversión pública y *«tomar la rienda de los Bancos. Esta es, primero que todo, una crisis generada por la huidiza industria financiera. Y si nos descuidamos en llevar las riendas de esa industria, no fue porque el «colectivo» Americano se negó a tomar decisiones difíciles; el público Americano no tenía ni idea de lo que estaba pasando, y la mayoría de la gente que lo sabía pensaba que la liberalización era una gran idea»*.

El Ex Canciller mexicano **Jorge Castañeda** se concentra en el tema de Cuba y plantea la opción de anular el embargo *«y buscar activamente un proceso de normalización entre Washington y La Habana, que incluya democracia representativa y respeto de los derechos humanos en Cuba»*.

Para el destacado y premiado escritor y periodista colombiano **Germán Santamaría** *«El triunfo de Barack Obama igualmente reivindica a la democracia como sistema político. Que en una de las sociedades donde fue más hondo el esclavismo y donde han permanecido durante más tiempo las políticas racistas, donde hasta hace sólo cuarenta años los blancos y los negros no podían compartir los* mismos asientos en los transportes públicos, haya ganado la Presidencia un negro, y que allí en la Casa Blanca habite ahora una familia negra, es una demostración contundente de un sistema y una sociedad que apuntan hacia la mayor tolerancia y el mayor juego de oportunidades que se haya conocido jamás en la historia humana».

El reconocido presentador y analista de Univisión, el mexicano **Jorge Ramos**, hace un llamado a *«Obama no nos falles»*. Pues según él *«El reto es gigantesco. Recuerdo perfectamente el momento en que Obama salió por televisión a reconocer su victoria sobre su contrincante John McCain el pasado 4 de noviembre. No sonreía. Estaba taciturno. Era un hombre al que, en ese preciso momento, parecían salirle sus primeras canas»*.

Para el laureado escritor argentino **Tomás Eloy Martínez**, lo que *«más apremia a los norteamericanos es saber cómo fue posible que en sólo dos meses -octubre y noviembre- se evaporara casi un millón de puestos de trabajo. Quieren que se les diga, sobre todo, qué hará el nuevo presidente para que cese el incesante drenaje laboral, el más pronunciado desde la Segunda Guerra Mundial»*.

El experto norteamericano del *New York Times* **Thomas Friedman** plantea que *«Si bien es terrible desperdiciar una crisis, también lo es desperdiciar a un gran político, con un don natural para la oratoria, una inusual habilidad para unir a la gente, así como a una nación, particularmente su juventud, lista para ser convocada y para servir»*.

Los Editores

CONTENIDO

PRIMERA PARTE
LA VIDA DE OBAMA

SEGUNDA PARTE
ANECDOTARIO DE OBAMA

TERCERA PARTE
SUS PLANES PARA ENFRENTAR
LA CRISIS ECONÓMICA MUNDIAL

CUARTA PARTE
RECONFIGURAR LOS EE. UU.: 14 PLANES ESTRUCTURALES
PARA UN NUEVO CONTRATO SOCIAL

QUINTA PARTE

SEXTA PARTE
ANÁLISIS Y REFLEXIONES SOBRE OBAMA

PRIMERA PARTE
La vida de Obama

En idioma Luo, Barack significa "Lanza que arde"

EL PADRE POLÍGAMO Y AUSENTE

El padre, Barack Obama, era hijo de un miembro de la tribu de los Luos que junto a los Kikuyus son la mayoría étnica de Kenya. Aunque éstos últimos, después de la independencia, han sido los que han copado el gobierno, desde los tiempos de Jomo Kenyata, el líder de la independencia y después dictador del país hasta su muerte. Barack Obama padre, además de inteligente, era muy persuasivo. Viaja a Hawai y conoce y se casa con la madre de Obama. Ya estaba casado en Kenya y tenía dos hijos, eso no le impidió volverse a casar, pues en las costumbres de los luos la *poligamia* era natural y legal. Y posteriormente se casaría con otra norteamericana blanca, que conoció en Harvard con la que tuvo tres hijos y después regresa a Kenya.

Allí ocupa ciertos puestos importantes, pero al mostrar su descontento con la manera del Gobierno de otorgar los puestos públicos, sin tener en cuenta las capacidades para su desempeño, es proscrito de la vida administrativa, vetado para puestos en las empresas extranjeras establecidas en Kenya, e incluso vetado para desempeñar un puesto en el Banco de Desarrollo Africano en Addis Abeba, y se ve así condenado a una vida de pobreza. Muere en 1983, en un accidente automovilístico en Nairobi.

Barack Obama: *"Mi padre era un negro de África. Mi madre era una blanca americana. Él vino a los Estados a estudiar, después de la independencia de Kenya, y formó parte de esa primera oleada de africanos en viajar en busca de conocimientos para llevarlos a África después de la independencia. Mi madre provenía de pequeñas ciudades en Kansas (mi abuelo materno fue un viajero de comercio durante un largo tiempo). Ellos procedían de muy distintos orígenes.*

Y se conocieron durante el movimiento por los derechos civiles, creo que fueron marcados por el espíritu integracionista de América y el sueño del Dr. M. L. King, y el optimismo y el idealismo de los Kennedy- y terminaron por separarse poco tiempo después".

Eyes on Book, sobre *Dreams of my Father*

Por lo anterior, la primera infancia de Barack Obama estuvo marcada por la ausencia de un padre con quien compartir sus primeros juegos en la escuela o con quien practicar béisbol… Y las preguntas propias de un niño de su edad acerca de su padre: ¿dónde está?, ¿cuándo vuelve?, ¿por qué se fue?, ¿cuándo regresa? Y la respuesta a cada una de estas preguntas es el infinito amor que le brindan sus abuelos y, por supuesto, su mamá.

ANN: LA MADRE EJEMPLAR DE BARACK OBAMA

En Kansas, en 1942, nació Ann Dunham, quien era unigénita de la pareja conformada por Stanley y Madelyn, quienes luego se fueron a vivir en el paradisíaco Estado de Hawai, en medio de las habituales comodidades de una familia clásica estadounidense.

El nivel de educación en casa hizo que Ann se destacara como una de las mejores estudiantes en la secundaria. Sus altos méritos académicos le valieron ganar una beca de estudios en la Universidad de Chicago.

No obstante haber obtenido tan magna distinción, el papá de Ann le pide que se quede en casa, al lado suyo y de su madre para seguir conformando la familia que tenían: *"Pájaro nuevo tiene que aprender a volar cerca del nido"* le repetía con insistencia su padre Stanley quien trabajaba en una firma de muebles, y vivía con su esposa Madelyn en una sencilla casa de dos habitaciones. Pero Ann en 1960 viaja a New York, y desde allí conoce el mundo.

Ann, hija ejemplar y obediente, acata la sugerencia de su padre y luego de culminar con éxito sus estudios de secundaria decide ingresar en la Universidad de Hawai. Allí cultiva el gusto por la cultura, se destaca por tener amistades seleccionadas que le muestran otra forma de ver la vida, desde la óptica de la tolerancia y el compartir en familia en medio de una sociedad que se caracterizaba por las escasas oportunidades que brindaba a los marginados o a quienes no fueran como la mayoría. Debido a que Ann estudia antropología, se ve inclinada por los nacientes movimientos en defensa de la igualdad de los derechos ciudadanos para todos en los EE. UU.

En los primeros semestres de la carrera conoce a Barack Obama un estudiante africano de 19 años quien está en la Universidad en un curso de intercambio estudiantil. El amor florece a primera vista y Ann se enamora perdidamente de este hombre de ébano, que con su alegría natural y su don de gentes cautiva el joven corazón de la bella Ann. Ella blanca como el más puro marfil y él negro como la tierra de donde proviene tanta blancura.

Para esta época Ann también tenía 19 años de edad y se destacaba por ser inteligente, hermosa, recatada, hasta un poco tímida, mientras que Barack era el centro de las atenciones y atracciones de la Universidad de Hawai, pues tenía que contar alucinantes maravillas e infinidad de historias de su natal Kenya.

Ann y Barack deciden casarse en febrero de 1961 y como lo cuenta el propio Barack Obama *mi madre tenía cuatro meses de embarazo cuando se casó con Obama Padre".* Barack Obama Jr. nace el 4 de agosto de 1961.

Un par de años después, Barack Obama –padre– le comunica a su esposa que se irá a la Universidad de Harvard a dictar unos cursos. Esta separación causa en Ann un serio conflicto interno que lo exterioriza a su esposo, pues ella que proviene de una familia unida y sólida no concibe que el padre de su pequeño Barack no esté al lado de ellos para cumplir con los deberes normales de un padre como la manutención, la compañía, el respaldo moral; pero lo más dramático es que Barack Obama Jr. siempre le preguntará por su padre. Además que Ann se angustiaba porque con el traslado de su esposo a Harvard se perdería la beca y el estipendio mensual que le asignaban y del cual vivían ellos.

Y los conflictos de Ann y las más amargas premociones se hacen realidad: su amante esposo les comunica que después de concluir el curso decide regresar a su natal Kenya, a su tierra negra, a su África del alma, dejando en Hawai al pequeño Obama al lado de su madre y en el seno de su nueva familia blanca: sus abuelos Stanley y Madeleine, quienes se convirtieron en uno de los pilares fundamentales de los principios de vida de "Barry" como cariñosamente le decían a Barack Obama sus abuelos.

LOLO SOETORO: EL SEGUNDO PADRE E INDONESIA

Además, Ann a sus 25 años sentía que la vida se desbordaba por sus venas, que debía conocer el mundo, que debía darse otra oportunidad para ser feliz en su vida; por ello en 1967 decide casarse de nuevo y siente que el milagro de la vida florece en su vientre de nuevo.

De su matrimonio con Lolo Soetoro, un musulmán indonesio estudiante en la Universidad de Hawai, nace, el 15 de agosto 1970, Maya la segunda hija de Ann y hermana media de Barack Obama. La familia vive por unos años en Hawai, donde Lolo completa sus estudios de Geología.

La nueva familia se desplaza a Indonesia de 1967 a 1971 y se alojan en una vivienda en un modesto barrio de la periferia de Yakarta. Al principio, Obama asistió a la escuela católica, Fransiskus Assisis, donde los registros muestran que se inscribió como musulmán, la religión de su padrastro. La matrícula exigía que cada estudiante eligiera una de las cinco religiones aprobadas por el Estado al matricularse (Islam, Catolicismo, Protestantismo, Budismo, Hinduismo).

El pequeño Barack apenas tenía 6 años de edad y era el objeto de las bromas habidas y por haber, pues, aparte de ser el único niño extranjero del barrio, era negro y rollizo. Sin embargo, esto no es impedimento para que Obama entable amistad con los demás niños y niñas de la vecindad, y así es como se le recuerda jugando por las tardes en las calles y subiéndose a las ramas de los árboles desde donde jugaba a comandar barcos, o al gato y al ratón.

Con Lolo Soetoro, su segundo padre, el niño Obama aprendió a comer carne de perro, de serpiente, saltamontes asados y ají verde con arroz, es decir aprendió parte de la cultura gastronómica de Asia; además de describirlo como un buen jugador de tenis, con una sonrisa siempre a flor de piel y de un carácter y temperamento imperturbable.

Pero al margen de los juegos infantiles de Obama, Ann tiene contacto por vez primera con la pobreza en un sector de la nación indonesia. Y descubrió que todas las teorías que aprendió en la Universidad acerca de la miseria en otras partes del mundo se vuelve una realidad cruda y descarnada ante sus ojos.

Por ello decide brindar ayuda a todo aquel que golpea a su puerta, y pronto se forman frente a su casa largas filas de personas que acuden allí en busca de un mendrugo de pan; ella divide su tiempo como profesora en la Embajada de los Estados Unidos en Yakarta con sus actividades de caridad en procura de brindar un mejor estatus de las condiciones socioeconómicas de las familias rezagadas del destino.

Esto lo logra con la ayuda de Lolo y, por supuesto de Obama, quien ve cómo su madre se da a los demás y de ella aprende lo concerniente al servicio en función de los demás; esto es una prueba más que la mejor forma de educación es, tal y como lo decía el pedagogo ruso Antón Makarenko, el ejemplo que los padres dan a sus hijos.

Mientras tanto, Lolo sigue trabajando en una empresa petroquímica y debido a su tesón es promovido a una jefatura, así la familia entera se muda a un barrio mejor donde se rodea de comodidades que antes no tenía, pero Ann sigue trabajando por la mejora de las condiciones de los menos favorecidos y estas posiciones hacen que la pareja tengan cada vez menos cosas en común. Y después de seis años de matrimonio Ann toma una dura decisión: separarse de su amado Lolo, pero esta nueva ruptura jamás influyó de forma negativa en el cariño que les prodigaba a sus hijos ni mucho menos en la forma cómo ellos retribuían a Ann y al mismo Lolo.

CON SUS ABUELOS EN HAWAI

Ann compra tres pasajes de regreso a los Estados Unidos y una vez más los abuelos Dunham reciben con cariño a su entrañable hija y a sus dos nietos: Barack y Maya. Ya con 10 años de edad Barack es matriculado en una escuela de Hawai y de nuevo es centro de atracción, pues es el único alumno negro en un grupo de 30 estudiantes que ha vivido en Indonesia y tiene para relatar aventuras que ningún otro niño a esa edad ha vivido tan intensamente como el mismo Obama, quien fortalece su relación con su hermana Maya al guiarla, pues él es 9 años mayor que ella. Mientras que su madre Ann no pierde su norte en la búsqueda de las igualdades sociales, pero sin descuidar por un instante a lo más preciado que ella tenía sobre la tierra: sus dos hijos.

Los años pasan y la casa de los abuelos Dunham siempre era el puerto más seguro donde desembarcar, así Obama crece rodeado del inmenso cariño de sus abuelos y con las emotivas visitas de su hermana y de su mamá quien se había convertido en una activista que viajaba por todo el mundo en busca de la igualdad social. Pero como todo en la vida cumple un ciclo, el bienamado abuelo Stanley muere a los 74 años de edad en el año de 1992.

Ya para 1995 Ann se ve obligada a interrumpir sus actividades en Asia para cuidar de su salud en los Estados Unidos, pues hacía más de un año que un fuerte dolor de estómago la enviaba a los centros médicos y en Hawai le diagnostican cáncer el cual hace que a los 52 años de edad parta de este mundo terrenal. Maya y Barack la recuerdan como una persona muy sensible que la hacía llorar la injusticia social y la crueldad contra los animales, que vivió en más de una docena de naciones y que en cada una de ellas se sentía como en casa: era una ciudadana del mundo.

Y tal vez esta condición la heredó su hija Maya Soetoro, profesora de historia, quien se casó con Konrad Ng un ciudadano canadiense de ascendencia china. Y el sueño por un mundo mejor, más honesto, fraterno y solidario fue el legado que asumió Barack.

SARAH OBAMA: SU ABUELA NEGRA EN KENYA

Durante sus tres viajes a África (en 1987, 1994 y 2006) Obama, conoció a su abuela Sarah, a sus parientes africanos, y se asomó a la realidad de los países atrapados por la inestabilidad y el hambre.

Sarah Obama era la abuela negra, quien no tenía ni dinero ni estudios, pero sí mucha confianza en la victoria electoral de su nieto, la celebridad de Kenya, el nuevo estandarte africano. Sarah vive en una casita de ladrillo y uralita de Kogelo, a 500 kilómetros al noroeste de Nairobi, cerca del lago Victoria. Relató que *«Barack me ayudaba a cargar los sacos de grano. Era muy despierto y educado. Sabe escuchar. Si gana la presidencia iré a verle, aunque estaré poco tiempo»*. Fotografías de la estirpe Obama cuelgan de las paredes de una habitación humilde y limpia en Kogelo, Kenya, amoblada con asientos y mesas de madera forrados de amarillo limón.

1985: EN CHICAGO

Obama salió de Hawai para estudiar dos años en el Occidental College de Los Ángeles. Más tarde se mudó a la ciudad de Nueva York y obtuvo una licenciatura en filosofía y letras por la Universidad Columbia en 1983: *"... en la época en que me gradué por la universidad, estaba poseído por la loca idea de que podría trabajar en el nivel popular para provocar el cambio"*.

En busca de su identidad y de una orientación significativa en la vida, Obama renunció a su trabajo como escritor financiero en una firma de consultores internacionales en Nueva York y se trasladó a Chicago en 1985. Allí trabajó como organizador comunitario, contratado por una coalición de iglesias locales del South Side de la ciudad, en una zona afroestadounidense duramente golpeada por una transición en la cual dejó de ser un centro manufacturero y se convirtió en una economía basada en los servicios. *"Fue en esos barrios donde recibí la mejor educación de mi vida y donde aprendí el verdadero significado de mi fe cristiana"*, recordaría Obama años después.

Obama tuvo varios éxitos tangibles en su labor, pues dio a los residentes del South Side una voz propia en asuntos tales como el nuevo desarrollo económico, la capacitación para el trabajo y las campañas para sanear el medio ambiente. Sin embargo, él sintió que su principal función como organizador comunitario era convertirse en un catalizador capaz de movilizar a los ciudadanos comunes en un esfuerzo de abajo hacia arriba, encaminado a forjar estrategias autóctonas para la obtención de poder político y económico.

Al cabo de tres años de realizar ese trabajo, Obama concluyó que para que las comunidades tan deprimidas tengan una verdadera mejoría, es preciso intervenir en un nivel más alto, en el ámbito de la ley y la política.

Recordando los valores de empatía y servicio que su madre le enseñó, Barack decidió aplazar sus estudios de derecho y la vida corporativa, y se trasladó a Chicago en 1985, donde encabezó un grupo al amparo de su iglesia, que trabajaba para mejorar las condiciones de vida en los barrios afectados por la delincuencia y el alto nivel de desempleo. El grupo logró algunos éxitos, pero Barack de nuevo se dio cuenta de que para mejorar en realidad la vida de la gente de esa y otras comunidades, más que un cambio a nivel local se necesitarían cambios en las leyes y en la política.

Universidad de Columbia y Harvard

Concluyó sus estudios en leyes en la Universidad de Columbia, en 1983. Posteriormente asistió a un posgrado en la Facultad de Derecho de Harvard, donde obtuvo la distinción de haber sido elegido como el primer presidente negro de la prestigiosa *Harvard Law Review* y finalmente se recibió con honores *Magna cum laude* en 1991.

Obama regresó a Chicago, su ciudad adoptiva, donde ejerció la abogacía en casos de derechos civiles y fue catedrático de derecho constitucional en la Universidad de Chicago.

Obama decidió postularse por primera vez para un cargo público en 1996 y ganó un asiento en el Senado del Estado de Illinois como representante de Chicago. En muchos aspectos, esa contienda fue consecuencia lógica de su trabajo anterior como organizador comunitario y Obama incorporó gran parte de esa misma perspectiva ampliada –el político como habilitador de los esfuerzos populares basados en la ciudadanía y como constructor de coaliciones de amplia base– a su visión política.

Michelle

«Soy una rareza estadística: una muchacha negra que se crió en el South Side de Chicago, ¿era previsible que estudiara en Princeton? No. ... Me decían que tal vez estudiar derecho en Harvard era demasiado para mis alcances, pero llegué allá e hice un buen papel. Y, por supuesto, no era previsible que estuviera allí".

El nombre de soltera era Michelle Robinson y nació en el seno de una familia de la clase trabajadora en Chicago, Illinois. Su padre trabajaba en el Departamento de Aguas Municipales y fue capitán de un distrito electoral demócrata, mientras que su madre era ama de casa y cuidaba a Michelle y a su hermano mayor, Craig.

Michelle Robinson estudió con ahínco en la escuela y se labró un lugar en la generación 1985 de la Universidad de Princeton. Después de obtener una licenciatura en sociología con asignatura secundaria en estudios afroestadounidenses, ingresó en la Facultad de Derecho de Harvard. Más tarde llega a ingresar en la exclusiva lista de los mejores 100 abogados de los Estados Unidos.

Barack Obama y Michelle Robinson se conocieron en 1989 cuando ella, que era entonces socia de la firma de abogados Sidley & Austin en Chicago, Illinois, fue la mentora asignada a Obama, quien trabajó allí como interno ese verano. Él la invitó a asistir a una de sus sesiones de organización de la comunidad en Chicago. Ella aceptó y concurrió a una reunión en la cual él habló con los participantes sobre la necesidad de cerrar la brecha entre *"el mundo como es y el mundo como debería ser"*.

Michelle Robinson y Barack Obama continuaron su relación y la pareja se casó en 1992.

Después de separarse de la firma de abogados en la que se conocieron, la Sra. Obama ocupó varios cargos en el gobierno de Chicago y fue directora ejecutiva fundadora de la oficina de Public Allies en Chicago, una organización que alienta a personas jóvenes a prepararse para ocupar cargos en el servicio público. En fecha más reciente, fue vicepresidenta de asuntos externos y de la comunidad en el Centro Médico de la Universidad de Chicago.

"Mi vida gira en torno de mis dos hijas. Y me pongo a pensar en qué clase de mundo les voy a dejar. He llegado a comprender que la vida no vale gran cosa si no estás dispuesto a hacer la pequeña parte que te corresponde para dejar a nuestros niños —a todos nuestros niños— un mundo mejor. Esa es nuestra mayor responsabilidad como padres y madres".

Pero antes de ser madre –o esposa, abogada o funcionaria pública– Michelle fue ejemplar hija de Fraser y Marian Robinson, quienes vivían en el sector sur de Chicago. Su padre Fraser, aunque le diagnosticaron esclerosis múltiple a una edad temprana, casi nunca faltó al trabajo, mientras Marian se quedaba en casa cuidando a Craig y Michelle.

Egresada de las escuelas públicas de Chicago, Michelle estudió Sociología y Estudios Afroamericanos en la Universidad de Princeton. Al graduarse de la Escuela de Leyes de Harvard en 1988, empezó a trabajar con el bufete de abogados Sidley & Austin, donde conocería al hombre que se convertiría en el amor de su vida.

Trabajó como comisionada asistente de planificación y desarrollo en la alcaldía de Chicago, y poco después fundó el capítulo de Chicago de Public Allies (Aliados Públicos), un programa de AmeriCorps que prepara a los jóvenes para el servicio público, donde asumió el cargo de directora ejecutiva.

En 1996, Michelle llegó a la Universidad de Chicago con la visión y propósito de establecer vínculos entre el campus y la comunidad. Como Decana Asociada de Servicios Estudiantiles, desarrolló el primer programa de servicio comunitario de la universidad, y bajo su liderazgo como Vicepresidenta de Asuntos Externos y Comunitarios del Centro Médico de la Universidad de Chicago, las actividades de los voluntarios en el campus y la comunidad aumentaron considerablemente.

EN EL SENADO

En el Senado estatal de Illinois, Barack Obama colaboró con demócratas y republicanos para ayudar al progreso de las familias obreras, creando programas como el Crédito Impositivo por Ingresos Ganados por Trabajo (Earned Income Tax Credit, EITC) del estado, que en tres años proporcionó más de US$100 millones en reducción de impuestos a las familias. Su primera ley, que patrocinó junto con el republicano Tom Coburn, fue devolver la confianza en el gobierno, permitiendo que cada estadounidense pudiera investigar por Internet cómo y dónde se gasta cada centavo de sus impuestos. Él también ha sido la voz de vanguardia en la defensa de la reforma de ética.

Como miembro del Comité de Asuntos de Veteranos lucha para ayudar a los veteranos de Illinois a conseguir el pago por incapacidad que les han prometido.

Entretanto trabaja para preparar a la Administración de Veteranos, para la vuelta de los millares de veteranos que necesitarán atención médica a su regreso de Irak y de Afganistán. Reconociendo la amenaza terrorista, que representan las armas de destrucción masiva, viajó a Rusia como

Senador con la intención de renovar esfuerzos para eliminar la proliferación de armas nucleares.

"Barack tiene una capacidad increíble para sintetizar realidades del todo contradictorias y hacer que sean coherentes", dijo su condiscípula de la facultad de derecho Cassandra Butts. *"Esa destreza la adquieres si pasas de un hogar donde eres amado por personas blancas y luego sales al mundo y todos te ven como una persona de la raza negra"*.

EN LA ESCENA NACIONAL

En 2000 Obama se presentó por primera vez a elecciones al Congreso de EE.UU. en un intento infructuoso por desbancar al titular Bobby Rush, representante demócrata por Chicago en la Cámara de Representantes. Desanimado por la decisiva derrota que le infligió Rush en las primarias, y en busca de influencia más allá de la legislatura del estado de Illinois, convenció a Michelle de la conveniencia de optar a un escaño en el Senado, en un último intento del cual dependería el futuro de su carrera política.

Las elecciones del representante de Illinois en el Senado de EE.UU. en 2004 se habían convertido en una auténtica refriega desde el año anterior, cuando el titular republicano, Peter Fitzgerald, anunció su intención de no presentar su candidatura para un nuevo mandato. Siete demócratas y ocho republicanos se disputaron en las primarias de sus respectivos partidos la designación de candidato al Senado. Obama consiguió fácilmente la candidatura por el Partido Demócrata, con una proporción de votos -53%- que excedía a la obtenida por sus seis rivales juntos. Como los republicanos tenían entonces el control de los 100 escaños del Senado por una minúscula mayoría de 51%, los demócratas vieron en la batalla senatorial de Illinois una oportunidad única de recuperar el control del Senado. El deseo de impulsar la campaña de Obama dándole un papel destacado en la Convención, las reconocidas dotes oratorias de Obama y la favorable impresión que había dejado en el candidato demócrata a la presidencia John Kerry, fueron decisivos en la selección de Obama como el principal orador de la Convención.

El inspirado y pulido lenguaje de Obama en su discurso sobre la necesidad de superar las divisiones partidistas y su llamamiento a la adopción de una "política de esperanza", en vez de una política de cinismo, hizo algo más que entusiasmar a los participantes en la Convención: lanzó a Obama al primer plano de la actualidad mediática, como un astro ascendente del Partido Demócrata. De allí pasó a ganar sin esfuerzo las elecciones al Senado en ese otoño, con un abrumador 70% del voto popular. Ganó en 93 de los 102 condados del Estado y los electores blancos votaron a su favor en proporción de más de 2 a 1. La fama de Obama como un político distinto, capaz de superar las divisiones raciales tradicionales, fue en continuo aumento. En una semblanza de Obama del escritor William Finnegan, señala el talento de Obama para *"deslizarse sutilmente en el lenguaje de su interlocutor se expresa con toda la gama del habla vernácula estadounidense"*.

Obama mismo explicó el porqué de su compenetración con los votantes blancos: *"Yo conozco a esta gente. Son mis abuelos. ... Sus modales, sus susceptibilidades, su sentido de lo que está bien y lo que está mal; todo eso me es totalmente familiar".*

LA CAMPAÑA POR LA PRESIDENCIA

La larga campaña de elecciones primarias demócratas de 2008, con elecciones y asambleas electorales en los 50 Estados, fue histórica en distintas maneras. Aspirantes afroestadounidenses y mujeres ya se habían presentado anteriormente como candidatos a la presidencia, pero esta vez los dos favoritos eran una mujer y un afroestadounidense.

Cuando Obama y otros siete contendientes a la nominación presidencial del Partido Demócrata empezaron a organizarse en 2007, los sondeos de opinión lo situaban sistemáticamente en segundo lugar, detrás de la senadora por Nueva York, Hillary Clinton, a la cual se daba por favorita. No obstante, Obama tuvo mucho éxito en esta etapa inicial con el reclutamiento de seguidores entusiastas, en particular entre los jóvenes, y en la organización de una campaña popular a escala nacional y la recaudación de fondos a través de Internet.

Mientras Hillary Clinton se beneficiaba de la mayor popularidad de su nombre, una campaña bien organizada y el apoyo en el plano estatal de destacados demócratas, el equipo de Obama ideó una original estrategia para impedirle el disfrute de estas ventajas: concentrarse en aquellos estados que elegían a sus delegados en asambleas electorales y no en primarias, y dirigir su atención predominantemente hacia estados más pequeños, que votaban tradicionalmente por el Partido Republicano en las elecciones generales. Esta manera de actuar aprovechaba el sistema de representación proporcional del Partido Demócrata —por el cual se otorgan delegados a la convención en cada estado en proporción casi equivalente a la parte del voto obtenida por un candidato— a diferencia del sistema republicano, que otorga la mayoría o todos los delegados a la convención al ganador de cada Estado.

La estrategia dio resultado en las primeras asambleas electorales del país, en Iowa, el 3 de enero de 2008, con la sorprendente victoria de Obama frente a la Senadora y candidata Hillary Clinton. Con el triunfo de Iowa cambió la situación; como dijo el *Washington Post*: *"La derrota de Clinton [...] alteró el curso de las elecciones al establecer a Obama como su principal rival, el único candidato con el mensaje, la capacidad de organización y los recursos financieros para desafiar su condición de favorita".*

Dio resultado una vez más, el "Súper martes" —las elecciones se celebraron simultáneamente en 22 Estados el 5 de febrero— Obama empató con Clinton y barrió en los estados rurales del Oeste y del Sur. Y volvió a dar resultado con la victoria de Obama en otras 10 contiendas consecutivas en febrero, que solidificó una ventaja en el número de delegados que la aspirante Hillary Clinton nunca llegó a superar.

LA PRESIDENCIA DE OBAMA

Barack Obama es uno de los presidentes más jóvenes del país. Nacido en la parte final del auge de nacimientos, de 1946 a 1964.

Es también el primer presidente que llegó a la mayoría de edad en los años 1980, lo que ya de por sí puede presagiar el cambio. El ambiente en que creció era marcadamente distinto del de los tumultuosos años 1960 que conformaron la perspectiva de los miembros anteriores de esa generación.

Como dijo Obama en una ocasión al referirse a las elecciones presidenciales de 2000 y de 2004, en las que se enfrentaron candidatos pertenecientes a una cohorte mucho más antigua de esa generación de posguerra: *"A veces me sentía como si estuviera presenciando el drama psicológico de la generación del auge de nacimientos —una historia arraigada en viejos rencores y proyectos de venganza urdidos en unos cuantos recintos universitarios hace largo tiempo—, representado en la escena nacional"*.

Larissa MacFarquhar, redactora de la revista *New Yorker*, expuso su teoría sobre el evidente atractivo de Obama que trasciende las divisiones políticas. *"El historial de voto de Obama es uno de los más liberales del Senado"*, observó, *"pero siempre ha atraído a los republicanos, tal vez porque habla de objetivos liberales en un lenguaje conservador"*.

"En su visión de la historia, en su respeto a la tradición, en su escepticismo de que el mundo pueda cambiar

de cualquier forma que no sea muy, muy lentamente", observó, *"Obama es profundamente conservador".*

El presidente Obama ha abierto nuevos caminos en la política estadounidense. Su candidatura surgió precisamente cuando muchos estadounidenses pensaban que su país necesitaba un cambio radical de dirección. El redactor político del *Washington Post* E. J. Dionne resumió, tal vez perfectamente, la feliz confluencia de la candidatura de Obama y el ánimo imperante en el país, cuando escribió:

"El cambio, no la experiencia, era el orden del día. Arrasar, no exhibir un control de los detalles, era la virtud más valorada en la oratoria de la campaña. Romper claramente con el pasado, no sólo volver a tiempos mejores, era la promesa más preciada".

El presidente Obama, el primer afroestadounidense que ocupa la presidencia de Estados Unidos, llega con una biografía que no se parece a la de ninguno de los mandatarios anteriores de este país.

Con su carácter birracial, hijo de padre keniata y madre blanca procedente del Medio Oeste de Estados Unidos, Obama adquirió prominencia nacional con su muy bien recibido discurso principal en la Convención Nacional Demócrata en 2004, el mismo año en el que fue elegido para el Senado de EE. UU. por el estado de Illinois.

Sólo habían pasado cuatro años cuando subió a la cumbre, en un territorio atestado de grandes personajes demócratas, hasta conquistar la candidatura de su partido para la Casa Blanca y luego ganar la elección presidencial contra el candidato republicano, el senador John McCain.

Con un estilo oratorio pulido, el dominio de una retórica elocuente e inspiradora, la capacidad de despertar el entusiasmo de los votantes jóvenes y **la sofisticada aplicación de Internet como herramienta de campaña, Obama se perfiló sin duda como un auténtico candidato del siglo XXI.**

En su campaña, puso de relieve dos temas predominantes:

1. Modificar el modo en que se han conducido tradicionalmente los asuntos del país en Washington.

2. Convocar a los estadounidenses, con sus diversas características ideológicas, sociales y raciales, a unirse para el bien común.

He aquí en las propias palabras de Barack Hussein Obama, las claves de su éxito:

"No existe un Estados Unidos liberal y otro conservador: Estados Unidos de América es uno solo. No hay un Estados Unidos negro, otro blanco, otro latino y otro asiático: hay un solo Estados Unidos de América. ... Somos un solo pueblo, todos nosotros juramos lealtad a las Barras y las Estrellas, todos nosotros defendemos a Estados Unidos de América".

SEGUNDA PARTE
ANECDOTARIO DE OBAMA

ANECDOTARIO DE OBAMA

FAMILIA

1. Su madre y su padre se conocieron en una clase de idioma ruso en la Universidad de Hawai. Ella tenía 18 años.

2. Su padre, que de niño fue pastor de cabras, era miembro de la tribu Luo y provenía de una villa en Kenia.

3. Mientras vivía en Indonesia, su madre lo despertaba a las 4:00 a. m. para que estudiara tres horas de inglés antes de ir a la escuela.

Barack Obama, padre

4. Su abuela materna, Madelyn Dunham, trabajó en una planta de Boeing Co. en Wichita, Kansas, durante la Segunda Guerra Mundial.

5. La hija de la madrina de Malia es Santita, la hija de Jesse Jackson, uno de los políticos negros de más recordación.

6. Su difunto padre era un economista senior del gobierno de Kenya.

7. Le prometió a sus hijas, Malia de 10 años y Sasha de 7, que cuando llegasen a la Casa Blanca, les compraría un perro.

AFICIONES

8. Se apasionaba de joven por coleccionar cómics del *Hombre Araña* y de *Conan el Bárbaro*. Sobre El Hombre Araña se han hecho varias versiones para televisión y una exitosa saga de películas. *Conan el Bárbaro* fue protagonizada por el hoy
Conan
Gobernador de California Arnold Schwarzenegger, curiosamente él apoyó a McCain, y su esposa María Shriver, quien forma parte del clan Kennedy, le brindó su respaldo a Obama.

9. Se ha leído cada uno de los siete libros de Harry Potter, la exitosísima serie de libros y películas de la escritora británica J. K. Rowling.

10. Tiene un set de boxeo autografiado por el propio Muhammad Alí (Cassius Clay), el boxeador de más recordación de todas las épocas.

M. Alí

11. Tuvo un mono llamado «Tata» en Indonesia que su padrastro, Lolo Soetoro, se lo regaló para que fuera su mascota.

12. Su libro favorito es *Moby Dick* de Herman Melville una de las obras maestras de la literatura norteamericana en la que el Capitán Ahab se obsesionó por cazar a la gran ballena blanca, pero al final ella lo cazó; llevado al cine y protagonizada por el gran actor Gregory Peck.

Moby Dick

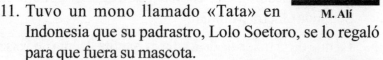

13. Sus películas favoritas son *Casablanca* con Humphrey Bogart, Ingrid Bergman; *One Flew Over the Cuckoo's Nest* (*Atrapado sin salida*), protagonizada por Jack Nicholson; la

saga de *El Padrino* con Marlon Brando y Al Pacino; y *Lawrence de Arabia* estelarizada por Peter O'Toole.

14. Sus músicos favoritos incluyen a Bob Dylan, Sheryl Crow, Yo-Yo Ma, Bruce Springsteen, Jay-Z y las leyendas del jazz Miles Davis, John Coltrane y Charlie Parker.

Bob Dylan

15. Le gusta jugar Scrabble y Póker.

16. Es un buen -pero cuidadoso- jugador de póker que se reunía cada semana para jugar con otros legisladores en Springfield.

17. Su artista favorito es Pablo Picasso, de gran fama por su cuadro *Gernika*.

GUSTOS

18. Su plato favorito es el Linguini de Camarones, preparado especialmente por su esposa Michelle.

19. Su snack favorito es la barra proteínica de chocolate con maní. Otro Presidente Demócrata, Jimmy Carter, tenía el gusto por la mantequilla de maní.

20. Comió carne de perro, de serpiente y saltamontes tostados cuando estuvo viviendo su infancia en Indonesia con su segundo padre, pues en esta región del mundo obedecen al lema "si se mueve, cómelo".

21. Su bebida favorita es el té «black forest berry iced» porque este té helado no contiene cafeína y es completamente orgánico.

22. Nunca bebe café y raras veces prueba alcohol

23. Su programa favorito de TV es «Mash and The Wire».

24. Tiene planeado instalar una cancha de baloncesto en la Casa Blanca.

25. Su especialidad en la cocina es el Chilli, el cual prepara en compañía de su esposa.

26. Le gusta mucho cuidar su alimentación al comer filete de pescado a la parrilla o preparaciones que incluyan sus vegetales favoritos: espinacas y brócoli.

27. Es fanático de las alitas de pollo, del pollo frito, de las costillitas de cerdo a la barbecue y de la hamburguesa con queso, especialmente con cheddar, que es su preferido.

28. Vegetales como el betabel o los espárragos trata de evitarlos, pero estos últimos los consumiría si no hubiera otra opción.

29. Tampoco gusta de las papas fritas saborizadas con sal y vinagre, ni refrescos.

30. Ocasionalmente visita el lugar de hamburguesas RJ Grunt, además de sitios de costillitas o de comida tex-mex, todos en Chicago.

31. Otros antojos son las nueces surtidas y los chocolates con leche de una fábrica en Seattle que los elabora artesanalmente.

32. Toma dos o tres margaritas de limón con la copa escarchada y le encanta la sopa azteca de tortilla.

33. Obama es comensal del restaurante mexicano Topolobampo, de la ciudad de Chicago.

34. De vez en cuando ordenan vino de La Rioja ibérica por copeo.

35. Obama decidió conservar como Chef Ejecutivo a Cristeta, la primera mujer en la historia en estar al frente de la cocina de un Presidente de EE. UU. en la Casa Blanca.

MICHELLE

36. Conoció a su esposa Michelle cuando ésta le daba asesoría un verano mientras él trabajaba en un despacho de abogados corporativos en Chicago. Ella también es egresada de la Escuela de Leyes de Harvard.

37. Uno de sus trabajos de Obama como adolescente fue servir helados en un Baskin-Robbins y en su primera cita con Michelle, justamente la llevó a comer helados a un Baskin-Robbins en Chicago.

38. Luego vieron la película *Do the Right Thing* (*Haz lo que debas*). Comedia coral que se desarrolla en uno de los barrios más humildes de Brooklyn, Bedford Stuyvesant, donde conviven atropelladamente varias familias de raza negra, algunos hispanos, una pareja de comerciantes vietnamitas y una familia de italoamericanos que tienen una pizzería.

APODOS

39. Su apodo cuando Obama jugaba baloncesto en la preparatoria Punahou School en Hawai, era «El Bombardero» («O'Bomber») y le gustaba hacer un tiro doble con la mano izquierda.

40. Era conocido como "Barry" hasta la universidad, cuando pidió que se le llamara por su nombre completo.

41. En la campaña se le dio el nombre clave de «Renegade».

42. Su difunta abuela lo apodó «Oso».

43. Durante sus días como organizador comunitario, algunos residentes de Chicago lo apodaban «Cara de Ángel» por su mirada de niño inocente.

CURIOSIDADES

44. Una población de 32.000 habitantes en Japón lleva el mismo apellido del Presidente y celebró la posesión como si se tratara de uno de los suyos.

45. Obama en japonés significa playa pequeña.

46. En Kenya también festejaron el triunfo de Obama. De hecho, contaron con la inestimable compañía de la abuela keniata del candidato, Mama Sarah Hussein Obama, que el día de las votaciones asistió a una oración por su nieto en Kogelo.

47. La escuela a la que asisitió el ahora Presidente estaba en el vecindario de clase media alta de Menteng, en Jakarta, en una zona cristiana, donde la mayoría eran musulmanes.

Lo que no le gusta

48. Que las jóvenes usen los pantalones por debajo de las caderas.

49. Dice que su peor defecto es estar chequeando constantemente su BlackBerry un aparato que admite correo electrónico, telefonía móvil, SMS, navegación Web y otros servicios de información inalámbricos.

Hábitos

50. Escribe con la mano izquierda. En los EE. UU. alrededor de 11% de la población es zurda. El antecesor zurdo reciente del hoy Presidente Obama es el también demócrata Bill Clinton.

51. Porta talismanes para la buena suerte, incluyendo una imagen de la virgen y el niño y un brazalete que pertenece a un soldado americano que sirve en Irak.

52. Usa una laptoc Mac.

53. Maneja un híbrido Ford Escape.

54. Utiliza trajes de Hart Schaffner Marx de US$1.500.

55. Tiene cuatro pares de zapatos idénticos talla 11.

56. Paga US$21 por su corte semanal en Chicago, a cargo de su Barbero Zariff.

Anécdotas

57. Puede hablar español aunque no fluidamente, pero sí puede entenderlo, pues aprendió a expresarse en este idioma durante sus días de líder comunitario en Chicago. Lo cual contribuyó a obtener un volumen elevado de votos hispanos.

58. Ocasionalmente durante su adolescencia ingirió cocaína y marihuana.

59. Viajó hasta Wokingham, Berks, en 1996 para asistir a la despedida de soltero del novio de su media hermana, pero se fue cuando llegó un *stripper*.

60. Su escritorio en su oficina del Senado una vez le perteneció a Robert Kennedy Fiscal General de los Estados Unidos desde 1961 hasta 1964 quien fue asesinado momentos después de  realizar su discurso de victoria al obtener la nominación demócrata a la Casa Blanca, en la medianoche del 5 de junio de 1968, falleciendo al día siguiente; hermano del Presidente Jhon F. Kennedy inmolado en Dallas el 22 de noviembre de 1963.

61. Hizo junto a su esposa más de $4,2 millones, procedentes de la venta de sus libros. *Obama: los sueños de mi padre: una historia de raza y herencia* y *La audacia de la esperanza: como restaurar el sueño americano.*

62. Quiso hacer un "pin-up" o collage en un calendario cuando estaba en Harvard, pero fue rechazado por todo el comité  de mujeres. La expresión «pin-up» se popularizó en los EE. UU. en los años 1940, y, luego, se fue haciendo popular internacionalmente. Con este nombre se conocen las fotografías o dibujos de chicas bonitas en actitudes sugerentes o, incluso, nada más que con una sonrisa y mirando a la cámara fotográfica figuran, principalmente, en las portadas de las revistas o en calendarios.

63. Canceló su préstamo estudiantil hace 4 años, después de haber firmado su contrato como escritor de sus libros.

64. Su casa en Chicago tiene cuatro chimeneas.

65. Egresó de la Escuela de Leyes de Harvard con estatus *Magna cum laude*, pero curiosamente fue aplazado en la materia de francés cuando cursaba octavo grado.

66. Obtuvo dos premios Grammy por las grabaciones de sus libros «Sueños de mi Padre» y «La Audacia de la Esperanza».

67. Tiene en su escritorio una escultura de madera -como una mano soteniendo un huevo- símbolo keniano de la «fragilidad de la vida».

68. Una de sus posesiones más preciadas es una fotografía de los riscos de la orilla sur de Oahu, donde fueron esparcidas las cenizas de su madre.

69. En la pared de su oficina tiene colgado un programa original enmarcado de la Marcha en Washington de 1963 donde Martin Luther King Jr. pronunció su famoso discurso «*I have a dream*» (*Tengo un sueño*).

70. El reverendo Jesse Jackson y la presentadora estrella Oprah Winfrey rompieron en llanto cuando los dos se encontraban entre el público durante el discurso del demócrata en el Grand Park de Chicago (Illinois).

TERCERA PARTE
Sus Planes Estructurales para enfrentar la Crisis Económica Mundial

LA LEY DE ESTÍMULO ECONÓMICO: US$780.000 MILLONES

Febrero de 2009

El Presidente Obama firmó una ley de estímulo económico con el propósito de reactivar la economía, por medio de la creación de más de 3 millones de empleos, el estímulo al consumo y la reactivación empresarial y financiera del país.

La Ley tiene un costo de US$787.000 millones y el gasto se reparte principalmente en proyectos de infraestructura, servicios de salud, programas de energía renovable, pagos directos a los gobiernos locales y subsidios para desempleados. 36% de este presupuesto se ha designado para recortes y créditos de impuestos que buscan específicamente reactivar el consumo y darle un alivio impositivo a ciertas empresas.

La Ley reduce los impuestos al comprar una vivienda o un auto, y establece reembolsos de US$400 para la mayoría de los trabajadores o US$800 por familia. Algunas familias de bajos recursos recibirán un crédito adicional por cada hijo.

Inversión en energía renovable y alternativa se convierte en uno de los pilares fundamentales de esta Ley, pues asigna US$20.000 millones a la creación de «trabajos verdes», mediante la construcción de turbinas de viento y paneles solares, US$2.000 millones para el desarrollo de baterías para autos eléctricos y US$11.000 millones para modernizar la infraestructura eléctrica del país.

Además de US$8.000 millones para desarrollar **trenes de alta velocidad,** US$7.000 millones para extender **redes de Internet a zonas rurales** y US$6.400 millones para proyectos de **agua potable.**

Para prevenir la pérdida de más de 600.000 empleos en las escuelas del país, el plan invierte US$54.000 millones en el **sistema de educación,** además de otorgar nuevas ventajas para los estudiantes universitarios. Una parte importante de los fondos establecidos en la Ley se destinará a servicios para el creciente número de **desempleados, ancianos y familias de bajos recursos.**

Más de US$3.000 millones irán a programas de emergencia para los más necesitados y también se extenderá el programa de **cupones de comida** de los cuales ya dependen 30 millones de personas para alimentar a sus familias.

Una gran parte del plan, más de US$27.000 millones, será destinado a los **gobiernos estatales y locales** que enfrentan su propia crisis presupuestaria, ya que la demanda por sus servicios, salud, educación, vivienda y asistencia a los desempleados, asciende a la vez que sus ingresos van en picada.

Los que no tendrán estímulo

Quienes no ven con buenos ojos estas medidas son los gerentes de las grandes compañías financieras de Wall Street, a quienes más de uno culpa del colapso del sistema financiero e hipotecario. **La nueva ley limita la compensación salarial a US$500.000** al año para los ejecutivos de las empresas que reciben dinero del gobierno como parte del rescate financiero de US$700.000 millones aprobado por la administración de George W. Bush.

A futuro

De acuerdo con la Oficina de Presupuesto del Congreso, el plan de estímulo aumentaría el déficit federal por US$185.000 millones en los próximos meses, para el 2010 la cifra llegaría a US$399.000 millones. Este déficit se agregaría a la deuda nacional que ya supera el billón de dólares, y 40% del Producto Interno Bruto.

PLAN PARA LA
EMERGENCIA ECONÓMICA

Un Plan Económico de Emergencia para estimular la economía que consta de tres partes fundamentales:

1) La justicia en los impuestos.

2) Invertir en la infraestructura

3) Invertir en la energía limpia con el fin de fomentar el crecimiento sostenido.

El plan obligaría a las grandes empresas petroleras a utilizar una parte razonable de sus utilidades extraordinarias (Windfall Profits), que últimamente han batido todos los récords, para ayudar a las familias agobiadas por la crisis con alivio impositivo directo, equivalente a US$500 por individuo y US$1.000 por matrimonio.

Este reembolso se entregaría tan rápido como fuese posible para ayudar a las familias a sobrellevar el precio cada vez mayor de la gasolina, la comida y otros artículos de primera necesidad. Los reembolsos se financiarían por completo mediante un impuesto -de cinco años de duración- sobre las ganancias extraordinarias de las compañías petroleras. Este reembolso sería el primer paso del plan para darles a las familias de clase media al menos US$1.000 al año de alivio permanente de los impuestos que pagaban. US$50 billones (US$50 mil millones) en medidas inmediatas para cambiar el rumbo de la economía y evitar que más estadounidenses pierdan su trabajo.

- US$25 billones (US$25 mil millones) para un **Fondo de Crecimiento Estatal** destinado a evitar que los estados y las ciudades se vean obligados a recortar la asistencia médica, educacional y con la vivienda, o a aumentar de manera contraproducente los impuestos sobre la propiedad, los peajes y otros cargos y cuotas. El fondo también asegurará que haya suficiente dinero para ayudar a las familias con la calefacción, la instalación de aislantes y otra protección del frío en los meses de otoño e invierno.

- US$25 billones (US$25 mil millones) para un **Fondo por Empleo y Crecimiento** para reponer los dineros destinados a las carreteras, evitar recortes en el mantenimiento de caminos y puentes y financiar proyectos nuevos, aprobados por vía rápida, para renovar escuelas, todo con el fin de salvar más empleos que están en peligro de eliminarse.

PLAN PARA INVERTIR EN ENERGÍA E INFRAESTRUCTURA

INDEPENDENCIA ENERGÉTICA

- Ofrecer asistencia al corto plazo a las familias que pagan mucho por gasolina.

- Crear cinco millones de trabajos «verdes» invirtiendo US$150 billones en los próximos 10 años.

- En 10 años ahorrar el equivalente de las importaciones anuales de hidrocarburos provenientes de Oriente Medio y Venezuela.

- Un millón de autos híbridos en las carreteras para el 2015 fabricados en los Estados Unidos –autos que corran 150 millas por galón.

- Proveer alivio en el corto plazo a las familias estadounidenses

- Prohibir la especulación en materia de energía.

- Elevar los estándares de eficiencia en autos nuevos.

- Un millón de autos híbridos-eléctricos en las carreteras para el 2015.

- Un nuevo crédito fiscal de 7,000 dólares por la compra de vehículos híbridos-eléctricos.

- Establecer un estándar nacional para reducir las emisiones de carbono.

- Un enfoque pragmático con respeto a los contratos de riesgo.

- Promover una producción doméstica de hidrocarburos responsable.

- Asegurar que 10 % de nuestra electricidad provenga de recursos renovables para el 2012, y 25 % para el 2025.

- Promover la eficiencia energética.

- Desarrollar e implementar tecnologías de carbón limpio.

- Dar prioridad a la construcción del oleoducto en Alaska.

- Implementar un programa «cap-and-trade» para reducir las emisiones un 80 % para el 2050.

- Hacer de los Estados Unidos un líder en materia de cambio climático.

- Lograr la independencia energética y combatir el cambio climático para impulsar la economía y afrontar el problema del calentamiento global creando millones de «empleos verdes» al invertir en el sector de la energía limpia.

- Invertir en la fuerza laboral calificada del sector industrial y en centros de manufactura de los Estados Unidos para garantizar que los trabajadores estadounidenses tengan las destrezas y las herramientas que necesitan para dirigir la primera oleada de tecnologías verdes (ecológicas) que tendrán gran demanda en todo el mundo.

- **Invertir en una economía de energía limpia y crear 5 millones de empleos «verdes»:** Invertir US$150.000 millones en 10 años para potenciar la próxima generación de biocombustibles e infraestructura energética, acelerar la comercialización de híbridos eléctricos, promover el desarrollo de la energía renovable a escala comercial, invertir en plantas de carbón de bajo nivel de emisiones, y comenzar la transición a una nueva red eléctrica digital.

- **Lanzar nuevas políticas federales y ampliar las actuales que hayan demostrado que generan empleos en los Estados Unidos:** crear una Norma de Estándar Renovable federal que requerirá que 25% de la electricidad que se consume en los Estados Unidos se genere a partir de fuentes renovables a partir del año 2025, lo que de por sí tiene el potencial de crear cientos de miles de empleos. Extender el Crédito Fiscal a la Producción, un crédito usado con éxito por agricultores e inversionistas estadounidenses para incrementar la producción de energía renovable y crear empleos locales.

- **Nuevos empleos mediante la inversión en la infraestructura:** Reconstruir su infraestructura nacional de transporte –sus sistemas de carreteras, puentes, caminos, puertos, aeropuertos y trenes– para aumentar la seguridad del usuario, reforzar nuestra capacidad de competir a largo plazo y garantizar el crecimiento de nuestra economía. Invertir en la infraestructura nacional tiene una importancia especial para nuestro objetivo de reforzar la seguridad nacional frente a las amenazas del terrorismo internacional y los desastres naturales.

- **Crear un banco de reinversión en la infraestructura nacional:** Crear un National Infrastructure Investment Bank (Banco Nacional de Reinversión en la Infraestructura Nacional) para ampliar y mejorar, no sustituir, las actuales inversiones federales en el transporte. El Banco recibirá una inyección de fondos federales, US$60,000 millones en el curso de 10 años, para financiar obras de infraestructura. Estos proyectos crearán, directa e indirectamente, hasta un millón de empleos al año y generarán aproximadamente US$13.000 millones anuales en nuevas actividades económicas.

PLAN DE VIVIENDA
E HIPOTECAS

El problema

- La crisis de las hipotecas de alto riesgo

- El derrumbe del sector de los préstamos de alto riesgo amenaza con embargar las hipotecas de más de dos millones de familias en todo el país y está teniendo un impacto devastador en la economía en su conjunto.

- En los últimos años, mientras los prestamistas abusivos llevaban a la ruina financiera a las familias de bajos ingresos, diez de las mayores instituciones de préstamos hipotecarios del país gastaban más de US$185 millones cabildeando en Washington para que los dejaran salir indemnes.

- A los prestatarios latinos suelen imponerles tasas de interés más altas que a los blancos no hispanos en situación similar. Y las mujeres latinas de ingresos altos tienen casi cuatro veces más probabilidades de recibir préstamos de alto riesgo que los hombres blancos no hispanos de ingresos altos. Como consecuencia, se calcula que entre el 8 y el 10 % de todas las familias afroamericanas y latinas que obtuvieron un préstamo residencial en 2005 puede que pierdan su casa a causa de la crisis de hipotecas de alto riesgo.

- Debido a la crisis de la vivienda, casi 2.5 millones de personas podrían perder su casa. Millones más que no corren ese peligro podrían sufrir una caída en el valor de su vivienda. Se han pronosticado pérdidas de hasta US$164.000 millones, principalmente como consecuencia de la disminución del valor de las viviendas.

EL PLAN

Proteger y fomentar la posesión de la casa en que uno vive: Dar un alivio inmediato a los propietarios de casa que afrontan una ejecución hipotecaria o que tienen dificultades para hacer los pagos de la hipoteca.

Crear un nuevo programa de seguridad residencial de la FHA: Apoyar al presidente de la Comisión Bancaria del Senado, Chris Dodd para crear un nuevo FHA Housing Security Program (Programa de Seguridad Residencial de la Dirección Federal de la Vivienda) para brindar incentivos a las instituciones prestamistas para que compren o refinancien hipotecas y las conviertan en hipotecas de tasa fija de 30 años.

Crear un fondo para ayudar a los propietarios a evitar la ejecución hipotecaria: Crear un Foreclosure Prevention Fund (Fondo de Prevención de Ejecuciones Hipotecarias) para ayudar a los propietarios a evitar el embargo de su hipoteca, renegociar con su prestamista o vender su casa.

Crear un crédito hipotecario universal: Muchos estadounidenses de clase media no reciben la actual deducción de impuestos por el interés hipotecario debido a que no hacen una declaración de impuestos detallada (itemized deductions). Por consiguiente, son los propietarios más adinerados los que suelen beneficiarse de este incentivo fiscal a la propiedad, y por lo cual crear un crédito hipotecario universal del 10%.

Emitir US$10.000 millones en bonos de ingreso hipotecario: Los Mortgage Revenue Bonds (Bonos de Ingreso Hipotecario) se usan para refinanciar préstamos de alto riesgo y conceder hipotecas a las personas que compran casa por primera vez. Proporcionar US$10.000 millones en bonos adicionales para ayudar a las familias que afrontan la ejecución hipotecaria a refinanciar su hipoteca o para facilitar la adquisición de una residencia a las personas de ingresos bajos o moderados que compran casa por primera vez.

Evitar futuras crisis en el mercado de la vivienda: con medidas contra el fraude hipotecario y una supervisión más estricta del mercado hipotecario.

Exigir que se divulguen en detalle los términos de los préstamos: crear un sistema de puntuación llamado Homeowner Obligation Made Explicit - HOME (Explicitación de las Obligaciones del Propietario), que proporcionará a la persona que piense contraer una hipoteca una medida simplificada y estandarizada similar al APR.

PLAN PARA
LA TECNOLOGÍA E INNOVACIÓN

Inversión en las ciencias: doblar los fondos federales destinados a las investigaciones básicas y cambiar la postura de nuestro gobierno federal, para que deje de ser uno de los gobiernos más opuestos a la ciencia en la historia de los Estados Unidos, y, al contrario, respalde la ciencia y la tecnología.

Hacer permanente el crédito fiscal a la investigación de manera que las empresas puedan contar con él al decidir si invertir o no en la investigación y el desarrollo a largo plazo.

Desplegar la próxima generación de banda ancha: llevar el acceso a la banda ancha a todas las comunidades de Estados Unidos mediante una combinación de reforma del Universal Service Fund (Fondo de Servicio Universal), para un mejor uso del espectro inalámbrico del país.

Apoyo a las pequeñas empresas: apoyar a las pequeñas empresas hispanas: Los hispanos cuentan con la mayor comunidad empresarial entre las minorías y poseen 6,6% de todas las empresas estadounidenses. Fortalecer los programas de la Small Business Administration (Agencia Federal para el Desarrollo de la Pequeña Empresa).

Dar alivio fiscal a las pequeñas empresas y las empresas recién creadas: eliminar los impuestos sobre ganancias de capital de las empresas recién creadas a fin de fomentar la innovación y la creación de empleos, proporcionándoles un crédito fiscal -llamado «Making Work Pay»- de US$500 a casi todos los trabajadores en los Estados Unidos.

Crear una red nacional de incubadoras de negocios públicos-privados: crear una red nacional de «incubadoras de empresas» público-privadas, invertir US$250 millones al año en incrementar la cantidad y el tamaño de las incubadoras en comunidades desfavorecidas de todo el país.

PLAN
PARA CREAR EMPLEOS

Invertir en los innovadores y creadores de empleos de la próxima generación: Crear un «Advanced Manufacturing Fund» (Fondo pro Manufactura Avanzada) para identificar e invertir en las más avanzadas estrategias de fabricación. El Fondo utilizará un proceso de selección en que participarán colegas, parecido al Michigan 21st Century Jobs Fund, una iniciativa estatal que ha concedido más de US$125 millones a empresas de Michigan que presentaron las propuestas más innovadoras para producir nuevos productos y crear nuevos empleos en el estado.

Conceder doble financiamiento al Manufacturing Extension Partnership: la asociación entre el gobierno y la empresa privada denominada Manufacturing Extension Partnership (MEP) trabaja con fabricantes de todo el país para aumentar la eficiencia industrial, implementar tecnologías nuevas y fomentar el crecimiento empresarial. Este exitoso programa ha participado en más de 350.000 proyectos en todo el país, y sólo en 2006 contribuyó a crear y proteger más de 50.000 empleos.

CUARTA PARTE
Reconfigurar los EE. UU.
14 Planes Estructurales para un Nuevo Contrato Social

PLANES Y PROPUESTAS SOCIALES

1. PLAN PARA LA SALUD

«Es un problema estadounidense cuando uno de cada cuatro latinos no puede comunicarse bien con su médico o llenar formularios médicos porque hay barreras de idioma que nos negamos a derribar. Es un problema estadounidense que nuestro sistema de atención médica esté quebrantado y ya es hora de reformarlo de una vez por todas... Un plan de seguro médico universal que cubra a todos los estadounidenses y que reduzca el costo de las primas de una familia típica un máximo de US$2.500 al año».

Barack Obama

47 millones de estadounidenses carecen de seguro médico y no hay señales de que esta tendencia vaya a dismi-

nuir. Las primas de los seguros médicos han subido cuatro veces más rápido que los salarios en los últimos seis años.

La nación afronta epidemias de obesidad y enfermedades crónicas, así como nuevas amenazas de gripe pandémica y bioterrorismo. Pero a pesar de todo esto, menos de 4 centavos de cada dólar destinado al cuidado de la salud se invierte en la prevención y la salud pública.

EL PLAN

Derecho garantizado el seguro. Ningún estadounidense será rechazado por ningún plan de seguros debido a una enfermedad o condición preexistente.

Beneficios completos. El paquete de beneficios será similar al ofrecido a través del Programa de Beneficios de Salud para los Empleados Federales, el plan que disfrutan los miembros del Congreso. El plan cubrirá todos los servicios médicos esenciales, incluso los servicios preventivos, la maternidad y la salud mental.

Deducibles. Primas, copagos y deducibles al alcance de todos.

Subsidios. Los individuos y las familias que no cumplan con los requisitos para recibir Medicaid o SCHIP pero que necesiten ayuda económica recibirán un subsidio federal -en proporción a sus ingresos- para comprar el nuevo plan público o un seguro de salud privado.

Trámites. Simplificados y control de costos.

Facilidad de inscripción.

Calidad y eficiencia. Las compañías de seguros que participen en el nuevo plan público tendrán que facilitar información que indique si cumplen ciertas normas de calidad, uso de tecnología y administración.

Bolsa Nacional de Seguros de Salud: Crear una Bolsa Nacional de Seguros de Salud para ayudar a las personas que quieran comprar un seguro privado. La Bolsa actuará como un organismo de control y ayudará a reformar el mercado de los seguros privados, elaborando regulaciones y normas para los planes de seguro que participen, con vistas a garantizar la equidad, la economía y la accesibilidad. Las aseguradoras tendrán que emitir una póliza a todo el que lo solicite y cobrar primas justas y estables que no dependan del estado de salud del asegurado. La Bolsa exigirá que todos los planes ofrecidos sean por lo menos tan generosos como el nuevo plan público y se ajusten a las mismas normas de calidad y eficiencia.

Contribución de los empleadores: A los empleadores que no ofrezcan un seguro médico de calidad a sus empleados, o que no hagan una contribución importante al costo del mismo, se les exigirá que aporten un porcentaje de la nómina al costo del plan nacional. Los pequeños empleadores que no lleguen a ciertos niveles de ingresos estarán exentos.

Cobertura obligatoria para los niños: todos los niños y niñas tendrán seguro médico.

Reducir el costo de las enfermedades para las empresas y sus empleados. Reembolsar los planes de salud de los empleadores una porción de los gastos catastróficos en que incurran, por encima de un nivel, si esos ahorros se usan para reducir las primas que pagan los trabajadores.

Ayuda a los pacientes

Apoyar programas de manejo de enfermedades: El 75 % del total de los gastos médicos se emplean en el tratamiento de pacientes con una o más enfermedades crónicas, como la diabetes, las enfermedades cardíacas y la presión arterial elevada.

Se exigirá que los proveedores que participen en el nuevo plan público, Medicare o el Programa de Beneficios de Salud para Empleados Federales (FEHBP) utilicen programas de control de enfermedades que tengan eficacia probada.

Coordinar e integrar la atención médica: Más de 133 millones de estadounidenses padecen al menos una enfermedad crónica, y éstas cuestan la asombrosa cifra de US$1,700 billones al año. Mejorar la coordinación y la integración del cuidado de las personas con condiciones crónicas.

Exigir transparencia y calidad respecto a los costos: exigir que los hospitales y otros proveedores recopilen y divulguen al público los costos y la calidad de la atención médica que prestan, incluso información sobre los errores médicos que pudieran haberse evitado, el número de pacientes por enfermera, las infecciones contraídas en los hospitales mismos y las desigualdades en la atención prestada. También exigir que los planes de salud revelen el porcentaje de las primas de seguro que se destinan al cuidado de los pacientes en comparación con la parte que absorben los costos administrativos.

Promover la seguridad del paciente: Exigir que los proveedores informen de errores médicos que pudieran haberse evitado y apoyará las medidas que tomen los hospitales y los médicos para evitar tales errores.

Proporcionar incentivos para la excelencia: Tanto las aseguradoras públicas como las privadas suelen pagar a los proveedores por el volumen de servicios prestados y no por la calidad o la eficacia de la atención. Los proveedores que traten a pacientes inscritos en el nuevo plan público, la Bolsa Nacional de Seguros de Salud, el Medicare y el FEHBP, serán recompensados según la eficacia de su tratamiento de los pacientes.

Comparaciones de eficacia: establecer un instituto independiente que fomente estudios e investigaciones que comparen la eficacia de los tratamientos, de manera que los estadounidenses y sus médicos puedan contar con la información correcta y objetiva que necesitan para tomar decisiones sobre su salud y bienestar.

Reformar el sistema de manejo de la negligencia médica: Fortalecer las leyes antimonopolio para evitar que las aseguradoras cobren excesivamente a los médicos por el seguro contra la negligencia y promoverá nuevos modelos para abordar los errores, modelos que aumenten la seguridad del paciente, fortalezcan la relación médico paciente y reduzcan la necesidad de entablar pleitos para compensar por la negligencia.

Reducir los costos mediante la inversión en sistemas electrónicos de información médica: La mayoría de los archivos médicos aún se guardan en papel, lo cual dificulta la coordinación de la atención, la medición de la calidad y la reducción de los errores médicos, y cuesta el doble que mantener archivos electrónicos.

Invertir US$10.000 millones anuales durante los próximos cinco años en lograr que el sistema de salud de los Estados Unidos avance hacia la adopción de sistemas electrónicos de información médica, incluyendo historiales médicos computarizados, e introducir por fases los requisitos que llevarán a la conversión total a un sistema de información electrónico.

Reducir los costos incrementando la competencia en los mercados de seguros y fármacos: Incrementar la competencia cultural: El negocio de los seguros está dominado actualmente por un pequeño grupo de grandes empresas que devoran a sus rivales.

Más de 400 fusiones de empresas se han llevado a cabo en el sector de los seguros médicos en los últimos 10 años, y tan solo dos compañías controlan la tercera parte del mercado nacional. Se decía que estos cambios aumentarían la eficiencia del sector, pero lo que ha ocurrido es que las primas de seguro han aumentado más de 87%.

Impedir que las empresas abusen de su poder monopólico subiendo los precios sin justificación. Obligar a las aseguradoras a desembolsar una parte razonable de sus primas para el cuidado de los pacientes en vez de quedarse con sumas exorbitantes para las utilidades y para la administración. La nueva Bolsa Nacional de la Salud aumentará la competencia entre las aseguradoras.

Reducir el costo de las medicinas recetadas: El segundo tipo de gasto médico que crece rápidamente es el de las medicinas que sólo se obtienen con receta. Las empresas farmacéuticas venden exactamente las mismas medicinas en Europa, Canadá y Estados Unidos, pero en este país cobran el doble por ellas. Permitir que los estadounidenses compren sus medicinas en otros países desarrollados si éstas son de seguridad probada y cuestan menos. Revocar la medida que impide al gobierno negociar con empresas farmacéuticas, lo que podría generar ahorros de hasta US$30.000 millones. Aumentar el uso de medicinas genéricas en el Medicare, el Medicaid y el FEHBP, y prohibir que las grandes empresas farmacéuticas impidan que las medicinas genéricas ingresen en el mercado.

Trámites simplificados y control de costos.

Facilidad de inscripción: Será fácil inscribirse en el nuevo plan público y acceder a los servicios que cubre.

Portabilidad y opciones: Los participantes en el nuevo plan público y en la National Health Insurance Exchange (Bolsa Nacional de Seguros de Salud) podrán cambiar de trabajo sin cambiar ni poner en peligro su cobertura médica.

Calidad y eficiencia: Las compañías de seguros que participen en el nuevo plan público tendrán que facilitar información que indique si cumplen ciertas normas de calidad, uso de tecnología y administración.

2. PLAN PARA LA CLASE MEDIA Y TRABAJADORA

«También necesitamos cambiar un sistema que está predispuesto en contra de las mujeres. 40% de las mujeres trabajadoras no tienen un solo día de licencia por enfermedad (sick leave) pagada. Cada vez se niegan empleos o promociones a más mujeres porque tienen hijos pequeños en la casa. Como hijo de una madre soltera, esos no son los Estados Unidos en los que creo. Seré un presidente que defiende a los padres trabajadores.

Exigiré a los empleadores que den siete días pagados de licencia por enfermedad cada año. Aplicaremos leyes que prohíban la discriminación de los que tienen que cuidar a un familiar. Y apoyaremos los horarios de trabajo flexibles para permitir que las madres – y los padres - puedan equilibrar mejor el trabajo y el cuidado de los hijos. Ese es el tipo de cambio que necesitan las familias trabajadoras».

Barack Obama

EL PROBLEMA

Después de toda una vida de trabajo y dedicación muchas familias latinas descubren que no ganan la suficiente para vivir bien. La clase media trabajadora enfrenta muchos obstáculos y nuestras redes de protección social ya no son lo que eran.

Muchos padres de familia se sienten preocupados porque no saben cómo van a cubrir los gastos de salud, los costos de la universidad de sus hijos o porque experimentan ansiedad por el bienestar de sus familias. Al mismo tiempo, muchos han caído en la pobreza, perdido su trabajo o han visto las oportunidades de sus hijos desvanecerse.

Necesidad de licencia con sueldo: 78% de los empleados cubiertos por la Family Medical Leave Act (Ley de Licencia Médica Familiar) que han necesitado la licencia pero no la han tomado, dicen que no podían darse el lujo de tomar una licencia sin sueldo. Además, las familias de bajos ingresos tienen menos probabilidades de contar con los recursos o los ahorros para compensar por el tiempo que pasen sin percibir sueldo.

La violencia contra las mujeres continúa: Una de cada cuatro mujeres sufre violencia doméstica en algún momento de su vida. La violencia dentro de la familia constituyó el 11 % de todos los casos de violencia entre 1998 y 2002.

La desigualdad salarial continúa: Por cada US$1.00 que gana un hombre, la mujer promedio sólo recibe 77 centavos, las afroamericanas sólo reciben 67 centavos y las latinas sólo 57 centavos. Los hispanos todavía tienen el salario medio más bajo de cualquier grupo étnico o racial.

La salud de la mujer: Las enfermedades cardíacas constituyen la principal causa de muerte entre las mujeres, casi 39% del total. Los estudios muestran que después del primer ataque cardíaco, las mujeres tienen menos probabilidades que los hombres de recibir seguimiento médico y tienen más probabilidades de sufrir un segundo ataque. Las mujeres también tienen más probabilidades que los hombres de padecer de artritis, asma, enfermedades del sistema inmunológico y depresión. La atención médica que reciben las minorías y las mujeres suele ser especialmente desigual a la que reciben otros. Además, entre las mujeres, las hispanas son las que más probabilidades tienen de carecer de seguro médico.

EL PLAN

Subir el salario mínimo a US$9.50 por hora para el 2011 subir el salario mínimo según el índice de inflación.

Trabajar con los Estados para que adopten la ausencia remunerada: promover una iniciativa de 50 Estados para que todos los gobiernos estatales adopten programas de ausencia remunerada. Crear un fondo de US$1.5 billones para asistir a los estados con costos inmediatos y para subsidiar los costos de las empresas y los empleados.

Aumentar el crédito fiscal por niños y dependientes: El crédito fiscal por niños y dependientes no ofrece la asistencia necesaria a las familias con dependientes y en dificultades económicas. Efectuar una reforma al crédito fiscal por dependientes haciéndolo reembolsable y permitiendo que las familias de bajos ingresos reciban hasta un crédito de 50% por los gastos relacionados a sus dependientes.

Promover el trabajo flexible: Crear un programa para proveer información al sector privado sobre los beneficios de los horarios flexibles, y promoverá una iniciativa para ofrecer más incentivos fiscales a compañías con horarios flexibles, tele-trabajos o trabajos a distancia.

Luchar por la igualdad salarial: tomar medidas para aplicar mejor la Ley de Igualdad Salarial (Equal Pay Act), combatir la discriminación laboral y aumentar las opciones de cuidado de los niños y las licencias médicas familiares para que las mujeres puedan disfrutar de igualdad en el centro de trabajo.

Aumentar los programas postescolares buenos: duplicar los fondos de los 21st Century Learning Centers (Centros de Aprendizaje del Siglo XXI), principal fuente de apoyo federal a los programas postescolares, de modo que un millón de niños más puedan asistir a ellos.

Expandir el crédito fiscal por el cuidado de niños y familiares dependientes: reformar el Child and Dependent Care Tax Credit (Crédito Fiscal por el Cuidado de Niños y Familiares Dependientes) haciéndolo reembolsable y permitiendo a las familias de bajos ingresos recibir un crédito equivalente a un máximo del 50 % de lo que gastan en el cuidado de sus hijos y otros familiares a su cargo.

Días pagados de ausencia por enfermedad: Exigir que las empresas concedan a sus empleados siete días pagados de licencia por enfermedad al año.

Proteger el derecho de las mujeres a elegir: La protección de la libertad de elección de las mujeres de acuerdo con el fallo Roe V. Wade será una prioridad. El Presidente Obama se opone a cualquier enmienda constitucional que revoque esa decisión.

Reducir los embarazos indeseados: reducir los embarazos indeseados garantizando la igualdad en la cobertura de los métodos anticonceptivos, proporcionando educación sexual y ofreciendo a las víctimas de violación información correcta sobre los métodos anticonceptivos de emergencia.

Poner fin de la violencia contra las mujeres: nombrar un asesor especial para asuntos relacionados con la violencia contra las mujeres y aprobar proyectos de ley que den seguridad laboral a las víctimas de la violencia doméstica y de agresiones sexuales.

Igualdad salarial: Aplicar mejor la Ley de Igualdad Salarial (Equal Enforcement Act). Combatir la discriminación laboral y aumentará las opciones que tienen en cuanto al cuidado de los niños y las licencias médicas familiares a fin de dar a las latinas igualdad en el centro de trabajo.

Libertad de elección: Proteger el derecho de las mujeres a elegir, de acuerdo con el fallo Roe V. Wade. Apoyar la ampliación del acceso a la contracepción, información sobre la salud y los servicios preventivos para reducir el número de embarazos indeseados.

Violencia doméstica: combatir la violencia doméstica y respaldar la Ley sobre la Violencia Contra las Mujeres (Violence Against Women Act).

3. PLAN PARA LA SEGURIDAD SOCIAL Y LA JUBILACIÓN

«Tenemos la obligación de proteger la Seguridad Social y garantizar que constituya una red de seguridad con la que el pueblo estadounidense pueda contar hoy, mañana y siempre. La Seguridad Social es la piedra angular del contrato social de este país».

Barack Obama

EL PROBLEMA

Con el alza disparada de los costos de la atención médica, la energía y la vivienda, y el riesgo de ser estafado por las compañías de seguros, demasiadas personas mayores no cuentan con los recursos necesarios para vivir con desahogo.

Los ahorros para la jubilación se acercan al nivel más bajo de la historia y 75 millones de estadounidenses carecen de planes de jubilación ofrecidos por sus empleadores, pues demasiadas empresas han abandonado sus obligaciones respecto a las pensiones.

EL PLAN

Garantizar la ayuda con la calefacción: Aumentar los fondos para el Programa de Ayuda Energética en el Hogar para Personas de Bajos Ingresos (Low Income Home Energy Assistance Program, LIHEAP), que ayude a los ciudadanos de bajos ingresos, muchos de ellos personas de edad avanzada, a pagar sus cuentas de calefacción en el invierno y de aire acondicionado en el verano.

Apoyar los esfuerzos de voluntarios de edad: Los estadounidenses jubilados tienen una gran variedad de destrezas y conocimientos para contribuir al servicio público en el ámbito local y en el nacional. Involucrar a más personas mayores en el servicio público, ampliando y mejorando programas como el Senior Corps, para facilitar a las personas de edad oportunidades de trabajo voluntario de calidad.

PROTEGER EL SEGURO SOCIAL

Reformar las leyes de bancarrota corporativa para proteger a los trabajadores y jubilados: Proteger las pensiones dando prioridad a los trabajadores, garantizando que los tribunales de bancarrota no exijan más sacrificios a los trabajadores que a los ejecutivos, diciendo a las empresas que no podrán conceder bonos a los ejecutivos a la vez que reducen las pensiones de los empleados, aumentando los salarios sin pagar los beneficios que los trabajadores pueden reclamar en los tribunales, y limitando las circunstancias bajo las cuales se pueden reducir los beneficios de los jubilados.

Eliminar los impuestos sobre la renta de las personas de edad que ganen menos de US$50.000: Lo que resultará en una reducción inmediata de impuestos –en un promedio de US$1,400– para 7 millones de personas de edad y eximirá a millones de la necesidad de presentar declaraciones de impuestos.

Crear pensiones automáticas en el trabajo: Inscribir automáticamente a los trabajadores en un plan de pensión en su trabajo. Exigir que los empleadores que actualmente no ofrecen un plan de jubilación inscriban a sus empleados en una cuenta IRA de depósito directo que sea compatible con el actual sistema de pago de nómina que utilizan. Los empleados no tendrían que inscribirse en el plan si no quieren. Los expertos calculan que este programa incrementará el índice de participación en planes de ahorro de los trabajadores de ingresos bajos y medios del actual 15% a 80%.

4. PLAN DE ALIVIO IMPOSITIVO

Rebajar los impuestos que pagan las familias trabajadoras: devolver la justicia al código impositivo y dar a 150 millones de trabajadores, entre ellos más de 14 millones de hispanos, el alivio tributario que necesitan. Crear un nuevo recorte fiscal denominado «Making Work Pay» (Para Que el Trabajo Pague). Este recorte fiscal eliminaría completamente los impuestos sobre la renta que pagan 10 millones de estadounidenses.

Crear el crédito impositivo American Opportunity: Abrir las puertas de la universidad a todos los estadounidenses creando un nuevo American Opportunity Tax Credit. Este crédito, totalmente reembolsable,

Este crédito fiscal a disposición de las familias en el momento de la matrícula, mediante el uso de la declaración de impuestos del año anterior. Los beneficiarios del crédito tendrán que realizar 100 horas de servicio público al año, ya sea durante el curso escolar o en los meses de verano.

Aumentar el crédito impositivo por el cuidado de niños y familiares: Reformar el Crédito Fiscal por el Cuidado de Niños y Familiares de manera que sea reembolsable y permita a las familias de bajos ingresos recuperar hasta el 50 % del costo del cuidado infantil. Junto con el recorte impositivo Making Work Pay.

Reducir el costo de enviar remesas: Unos seis millones de inmigrantes latinoamericanos en los Estados Unidos envían dinero periódicamente a familiares en su país natal. En 2005, sólo a México y Guatemala se enviaron casi US$25.000 millones. Aumentar el acceso de las familias latinas a los servicios bancarios tradicionales e incrementar la transparencia en lo que se cobra por las transferencias. Más transparencia y más competencia bajarán el costo de las remesas, evitará el abuso del consumidor, ayudar a las familias inmigrantes en EE. UU. y fomentar el desarrollo en otros países.

Simplificar la declaración de impuestos para las personas de clase media de manera que millones de estadounidenses puedan prepararla en menos de cinco minutos. Que el Internal Revenue Service - IRS (el fisco) use la información que ya recibe de bancos y empleadores para dar a los contribuyentes la opción de utilizar formularios prerrellenados que sólo tendrían que revisar, firmar y enviar. Los expertos calculan que ahorraría a los estadounidenses hasta 200 millones de horas de trabajo y molestias y hasta US$2.000 millones en pagos a los profesionales que preparan declaraciones de impuestos.

Eliminar los impuestos sobre la renta de las personas de edad que ganen menos de US$50.000 al año: eliminar todo gravamen sobre los ingresos de las personas de edad que ganen menos de US$50.000 al año. Esta propuesta eliminar los impuestos sobre la renta que pagan 7 millones de personas mayores, lo que les significará un ahorro promedio de US$1.400 al año. 27 millones de estadounidenses mayores no tendrán que presentar una declaración de impuestos.

5. PLAN PARA LA EDUCACIÓN

«Dar a nuestros hijos todo lo que necesitan para tener posibilidades de competir... Reconstruyamos nuestras escuelas y reclutemos a un ejército de maestros, porque lo que más impacto tiene en la educación de un niño es la persona que está al frente del aula. Y también tenemos que garantizar que todo niño que quiera aprender inglés disponga de los recursos para aprender inglés. Y que todo niño que venga aquí y estudie aquí y rinda bien en la escuela tenga las mismas oportunidades de asistir a una universidad pública que cualquier otro.»

Barack Obama

ABORDAR LA CRISIS DE LA DESERCIÓN ESCOLAR

La tasa de deserción de secundaria de los estudiantes latinos es 21%, más del doble del promedio nacional. Entre los jóvenes afroamericanos y latinos, la tasa de graduación fluctúa entre 50 y 55%. Abordar la crisis de la deserción escolar con el proyecto de ley, conocido como Success

in the Middle Act, que suministra fondos a los distritos es-
colares para que invierta en estrategias de intervención en
la escuela intermedia. Seis millones de alumnos de escuela intermedia y secundaria leen muy por debajo de su nivel.
Una tercera parte de los graduados de secundaria no entran
inmediatamente en la universidad. Los estudiantes estadounidenses de 15 años ocupan el puesto número 28 entre
los estudiantes de 40 países en matemáticas, y el 19 en ciencias. Casi 30% de los estudiantes de primer año de la universidad tienen que tomar clases de enseñanza
compensatoria en ciencias y matemáticas porque no están
preparados.

Alta tasa de deserción escolar: Los Estados Unidos
tienen una de las tasas más altas de deserción escolar del
mundo industrializado. Sólo 70% de los estudiantes de secundaria en los Estados Unidos se gradúan con diploma.

6. PLAN PARA MAESTROS Y ESTUDIANTES

Reclutar maestros: Crear el Teacher Service Scholarships (Becas de Servicio de Maestros) que cubra cuatro años de estudios de pedagogía o dos años de estudios de postgrado en pedagogía, lo que incluye programas alternativos de alta calidad que ayuden a profesionales establecidos a convertirse en maestros pagándoles los estudios a cambio de que pasen al menos cuatro años enseñando materias o en lugares donde hay gran necesidad.

Preparar maestros: Crear un sistema de evaluación de competencia en la enseñanza, al que los maestros podrán someterse voluntariamente.

Crear Programas de Pasantía de Maestros que enviarán a 30.000 maestros excep- cionalmente bien preparados a escuelas donde haya gran necesidad.

Retener maestros: Ampliar los programas de tutoría que emparejen a maestros experimentados con novatos en el magisterio.

Recompensar a los maestros: Promover medios nuevos e innovadores de incrementar los salarios de los maestros que se elaboren conjuntamente con ellos. 30% de los maestros nuevos dejan su trabajo en los primeros cinco años.

Incremento vertiginoso de los costos universitarios: El costo de los estudios universitarios ha aumentado casi un 40 % en los últimos cinco años. 70% de los latinos que se gradúan de la universidad aún tienen que pagar los préstamos que les permitieron pagar la matrícula. El graduado promedio sale de la universidad con una deuda de US$11.500. Y entre 2001 y 2010, 2 millones de estudiantes con las calificaciones académicas necesarias no asistirán a la universidad porque no pueden costearla.

La ley DREAM Development, Relief, and Education for Alien Minors –Ley de Desarrollo, Alivio y Educación para Menores Extranjeros. Dar a los hijos de inmigrantes la oportunidad de asistir a la universidad.

Según las leyes actuales, los estudiantes que entraron en los Estados Unidos como inmigrantes indocumentados, aún si fue hace años, y aún si han sobresalido en la escuela y fuera de ella, no tienen esperanzas de asistir a una universidad estatal pagando la misma matrícula que pagan los otros residentes del Estado donde viven permitir a los estados cobrar esa misma matrícula módica a los estudiantes indocumentados que se criaron en los Estados Unidos.

Ampliar los programas postescolares de calidad: duplicar los fondos del programa federal llamado 21st Century Learning Centers (Centros de Aprendizaje del Siglo XXI), que apoya las clases que se imparten después del horario escolar, de modo que un millón más de niños puedan asistir.

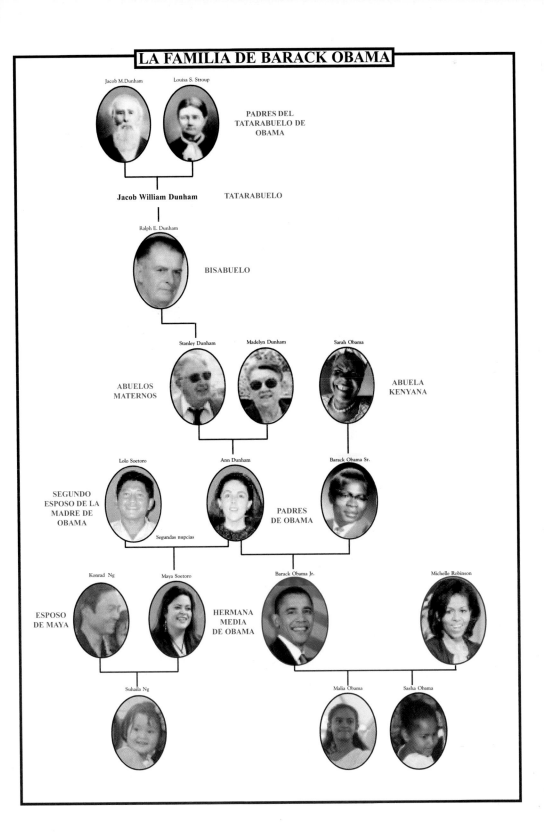

LA FAMILIA DE BARACK OBAMA

Jacob M. Dunham

Louisa S. Stroup

PADRES DEL TATARABUELO DE OBAMA

Jacob William Dunham   **TATARABUELO**

Ralph E. Dunham

BISABUELO

Stanley Dunham

Madelyn Dunham

Sarah Obama

ABUELOS MATERNOS

ABUELA KENYANA

Lolo Soetoro

Ann Dunham

Barack Obama Sr.

SEGUNDO ESPOSO DE LA MADRE DE OBAMA

Segundas nupcias

PADRES DE OBAMA

Konrad Ng

Maya Soetoro

Barack Obama Jr.

Michelle Robinson

ESPOSO DE MAYA

HERMANA MEDIA DE OBAMA

Suhaila Ng

Malia Obama

Sasha Obama

LOS PADRES DEL TATARABUELO DE OBAMA

Fotografía de época de Luisa Stroup (1837, Ohio) y Jacob Dunham (1824, West Virginia) padres Jacob William Dunham, el tatarabuelo de Obama.

EL BISABUELO DE OBAMA

Ralph E. Dunham (1894, Kansas).

LA FAMILIA OBAMA

La joven Ann, al lado de sus padres Stanley y Madeleyne, ellos fueron la base fundamental de la eduación y vida de Obama.

INFANCIA EN HAWAI

El pequeño Barack Obama en sus primeros años de vida en Hawai.

AÑOS ALEGRES

El pequeño Obama a la edad de 4 años, cuando aún vivía en Hawai con su abuelo materno.

NAVIDAD EN FAMILIA

El pequeño Barack Obama, Barack Obama Sr. y Ann Dunham.

VISITA PATERNA

Los Obama en el aeropuerto de San Francisco, en una visita de Barack Obama Sr. a su familia americana, Obama Jr. tenía 10 años de edad.

NUEVOS VIENTOS

El pequeño Obama en una playa de Waikiki, poco después del matrimonio de su mamá Ann con Lolo Soetoro.

EN INDONESIA

Lolo Soetoro, el nuevo esposo de Ann, Maya y Obama. De la mano de Lolo, Obama aprendió a vivir en Indonesia.

REENCUENTRO FAMILIAR

Obama y su hermana media Maya mantienen una estrecha relación, aquí Maya acompaña a su hermano durante la campaña presidencial en Hawai.

Konrad Ng, el esposo de Maya y la pequeña Suhaila, la hija de ambos; Obama con su esposa Michelle y sus hijas Malia y Sasha.

LOS ABUELOS DE OBAMA Jr.

Con su abuela paterna Sarah, reconociendo la tierra de sus ancestros en Kenya.

Obama con sus hermanos Auma, Obongo y Malik, hijos de Obama padre.

Con sus abuelos maternos Dunham, en su época de estudiante en Chicago.

Aumentar los programas de verano: El plan STEP UP aborda las diferencias en el rendimiento escolar apoyando la oportunidad de asistir a clases de verano para los hijos de familias de bajos recursos, mediante asociaciones entre escuelas locales y organizaciones comunitarias.

Apoyar a los estudiantes que aprenden inglés: apoyar la educación bilingüe de transición y ayudar a avanzar a los estudiantes que aún no dominan completamente el inglés responsabilizando a las escuelas de que estos estudiantes se gradúen.

Crear el American Opportunity Tax Credit (crédito fiscal de la oportunidad): Este crédito fiscal - universal y totalmente reembolsable - garantizará que los primeros US$4.000 de la carrera universitaria resulten completamente gratis para la mayoría de los estadounidenses, cubrirá las dos terceras partes del costo de la matrícula en la universidad estatal promedio, y hará que la matrícula en una universidad pública de dos años (community college) resulte completamente gratis para la mayoría de los estudiantes.

7. PLAN PARA COMBATIR LA POBREZA

EL PROBLEMA

Aumenta la pobreza: Hay casi 37 millones de estadounidenses pobres.

EL PLAN

Ampliar el Earned Income Tax Credit (EITC): Incrementar los beneficios y aumentará el número de personas con derecho al EITC (Crédito Fiscal por Ingresos Salariales), uno de los programas contra la pobreza más exitosos de la historia.

Establecer Promise Neighborhoods (Barrios De Promesa) para combatir la pobreza crónica en el casco urbano: Crear Promise Neighborhods (Barrios De Promesa) en que se prestará una amplia gama de servicios a los residentes de zonas pobres de 20 ciudades estadounidenses.

Ayudar a los estadounidenses a conseguir empleo y ascender en su oficio: invertir US$1.000 millones en cinco años en empleos de transición y programas vocacionales que implementen métodos probados de ayudar a los latinos a triunfar en la fuerza laboral.

Expandir el earned income tax credit –eitc (crédito fiscal por ingresos derivados del salario): Más de un tercio de los hogares hispanos se benefician del EITC y del Child Tax Credit (Crédito Fiscal por Niños - CTC). Obama aumentará el número de padres trabajadores con derecho a recibir beneficios del EITC, aumentará los beneficios para los padres que pagan manutención, incrementará los beneficios para las familias con tres o más hijos, y reducirá el diferencial del EITC que perjudica a los matrimonios y a las familias de bajos ingresos.

Fomentar la paternidad responsable: convertir en ley Responsible Fatherhood and Healthy Families Act (Ley Pro Paternidad Responsable y Familias Saludables) para eliminar algunos de los costos que el gobierno impone a los matrimonios, tomará medidas enérgica contra los hombres que eluden los pagos de manutención de sus hijos y garantizará que los pagos vayan a las familias y no a las burocracias estatales.

Apoyar a los padres de hijos pequeños: extender la exitosa Nurse-Family Partnership (Asociación Enfermera-Familia) a las 570.000 mujeres de bajos ingresos que cada año tienen hijos por primera vez. El programa ofrece visitas de enfermeras capacitadas y tituladas a las embarazadas pobres y sus hijos.

AUMENTAR LA OFERTA DE VIVIENDAS DE BAJO COSTO

Crear un fondo de viviendas asequibles: crear un Affordable Housing Trust Fund que contribuya a la construcción de viviendas a precios módicos en barrios de nivel socioeconómico mixto.

Asignar fondos al programa Community Development Block Grant: asignar los fondos necesarios para que el programa funcione a plenitud e involucrar a dirigentes de las zonas urbanas de todo el país en la obtención de más recursos para la construcción de viviendas para los más necesitados.

Establecer 20 Promise Neighborhoods: establecer 20 Promise Neighborhoods (Barrios de Promesa) en ciudades que tengan un alto nivel de pobreza y delincuencia, y un bajo nivel de desempeño académico entre los jóvenes. Estos programas seguirán la pauta de la Harlem Children's Zone (Zona de Niños de Harlem), en que se prestan servicios de toda índole, entre ellos enseñanza preprimaria, prevención de la violencia juvenil y actividades postescolares a la juventud del barrio, desde que nacen hasta que comienzan a asistir a la universidad.

Lograr que toda comunidad urbana cuente con recursos para su desarrollo: colaborar con líderes comunitarios y empresariales para identificar y eliminar las barreras al desarrollo económico que presenta cada zona metropolitana. Asignar recursos adicionales al fondo federal Community Development Financial Institution Fund, el Small Business Administration y otras agencias federales, especialmente a sus ramas locales, para abordar las necesidades de la comunidad.

Invertir en zonas rurales: invertir en las pequeñas empresas rurales y luchar por extender el acceso a Internet de alta velocidad. Mejorar las escuelas rurales y atraer más médicos al campo.

8. PLAN ANTICORRUPCIÓN

EL PROBLEMA

Acciones gubernamentales encubiertas: La administración Americana ha ignorado las reglas que exigen la divulgación de información y ha echado mano a un procedimiento legal conocido como «secretos de estado» para que las cortes civiles rechacen los casos que pueden perjudicar a la administración. Así, abusó de su poder premiando a los amigos de la administración con contratos. Estos abusos le cuestan al contribuyente miles de millones de dólares al año.

EL PLAN

Proveer información centralizada sobre los intereses especiales: Crear un Banco de datos para que el contribuyente se mantenga al corriente de las actividades de los intereses especiales, sus expedientes éticos y las diferentes contribuciones que hacen a los partidos políticos. Toda la información estará disponible en Internet.

Monitoreo independiente reglamentos éticos y leyes para regular los intereses especiales: crear una agencia independiente para monitorear las violaciones éticas y para que el público adquiera confianza que estas violaciones serán investigadas.

«Contratos e influencias»: crear un banco de datos para evaluar el nivel de contribuciones de los contratistas federales, los contratos que obtienen y el cumplimiento de estos contratos.

Exponer los créditos fiscales de los intereses especiales al escrutinio público: Los créditos fiscales dados a las grandes corporaciones deberán divulgarse por Internet en un formato de alta compatibilidad.

Fin al abuso de los contratos sin concurso: Todos los contrato que excedan un valor de US$25.000 dólares tendrán que competir públicamente. Muchas iniciativas de ley son firmadas por el Presidente antes de que el público tenga tiempo de revisarlas: no firmar ninguna iniciativa que no sea de emergencia sin que los estadounidenses tengan primero la oportunidad de revisar la iniciativa durante un periodo de cinco días en la página de Internet de la Casa Blanca.

9. PLAN SOBRE
LA INMIGRACIÓN

«Este es el momento de arreglar nuestro averiado sistema de inmigración... Necesitamos una aplicación más estricta de la ley en la frontera y en los centros de trabajo... Pero para que la reforma funcione, también tenemos que responder a lo que impulsa a las personas a venir a los Estados Unidos...

Donde podamos reunificar familias, debemos hacerlo. Donde podamos traer más trabajadores extranjeros con las habilidades que nuestra economía necesita, debemos hacerlo».

Barack Obama

La cantidad de inmigrantes indocumentados en el país ha aumentado más del 40 % desde 2000. Cada año, más de medio millón de personas entran ilegalmente, o se quedan ilegalmente después que se vencen sus visas.

La burocracia de inmigración está quebrantada y abrumada, lo que obliga a los inmigrantes legales a esperar años para que se tramiten sus solicitudes. A pesar de haberse multiplicado por diez en los últimos años, las redadas contra los inmigrantes sólo produjeron 4.600 arrestos en 2007 y han colocado la carga de un sistema quebrantado sobre los hombros de las familias inmigrantes.

Preservar la integridad de nuestras fronteras. Apoya colocar más personal, infraestructura y tecnología en la frontera y en nuestros puertos de entrada.

Corregir la burocracia disfuncional e incrementar la admisión de inmigrantes legales para mantener unidas a las familias y resolver el problema de los puestos de trabajo que los empleadores no pueden llenar.

Eliminar los incentivos a la entrada ilegal a EE. UU., tomando medidas enérgicas contra los empleadores que contraten a inmigrantes indocumentados.

Respaldar un sistema que permita a los inmigrantes indocumentados que cumplan con sus obligaciones, pagar una multa, aprender inglés, y ponerse al final de la fila en espera de la oportunidad de hacerse ciudadanos.

Se necesita hacer más para promover el desarrollo económico en México, con el fin de reducir la inmigración ilegal.

10. PLAN PARA CUMPLIR CON EL COMPROMISO CON LOS VETERANOS

Asegurar una transición fluida: Exigir que las fuerzas armadas y la Veterans Administration (Administración de Veteranos o AV) se coordinen para ayudar a los soldados a hacer una transición fluida del servicio activo a la vida civil.

Asignar a la AV todos los fondos que le corresponden: Asignar a la Administración de Veteranos todos los fondos que necesita para satisfacer las necesidades de los veteranos. Crear una División de Planificación dentro de la AV para evitar futuros déficits presupuestarios.

Permitir el regreso de todos los veteranos a la AV: Una de las primeras acciones de Obama será anular la prohibición de 2003 a la inscripción de veteranos de ingresos modestos, prohibición que le ha negado atención a un millón de veteranos.

Mejorar la atención médica que ofrece la AV: Poner a la AV a la cabeza de la reforma nacional del cuidado de la salud, a fin de que los veteranos reciban la mejor atención posible. Mejorar la atención médica que se presta a los problemas de la vista derivados del trauma, a las lesiones de la columna vertebral, al envejecimiento, a las enfer- medades de la mujer y a las prótesis.

Mejorar el tratamiento psiquiátrico: Mejorar el tratamiento psiquiátrico que se ofrece en cada fase del servicio militar. Reclutar más profesionales de la salud, mejorar los exámenes de detección, ofrecer más apoyo a las familias y hacer más justo el proceso de reclamar beneficios como resultado de PTSD.

Mejorar la atención de las lesiones cerebrales traumáticas: establecer normas para la atención de las lesiones cerebrales traumáticas, la lesión más común en la guerra de Irak.

Ampliar los centros de veteranos: ampliar los Centros de Veteranos para que den más orientación psicológica a los veteranos y sus familias.

Reparar la burocracia de la AV: contratar más empleados que atiendan las reclamaciones y aumentar la capacitación que se les da y la responsabilidad que se les asigna, a fin de que las decisiones de la AV respecto a los beneficios sean más justas y coherentes. También hará que las reclamaciones se hagan por medios electrónicos, para disminuir los errores y acelerar el proceso.

Evitar que los veteranos se queden sin techo: establecer una política nacional de «cero tolerancia» al desamparo de los veteranos, expandiendo programas de probada eficacia e implementando servicios innovadores que eviten que los veteranos se queden sin hogar. Combatir la discriminación laboral contra los veteranos Tomar medidas enérgicas contra los empleadores que discriminen contra los reservistas y los miembros de la Guardia Nacional.

11. PLAN PARA
LOS DERECHOS CIVILES

Fortalecer la aplicación de los derechos civiles: Dotar a la División de Derechos Civiles del Departamento de Justicia con abogados que procesen con diligencia las violaciones de los derechos civiles, la discriminación en el empleo y los delitos de odio.

Reducir la reincidencia delictiva dando apoyo al ex infractor: proporcionar capacitación laboral y tratamiento psiquiátrico y de drogadicción a los presos para que cuando cumplan su condena puedan reintegrarse a la sociedad. Crear un programa de incentivos para mejorar los índices de empleo y de retención laboral de los ex infractores.

Aumentar el uso de tribunales y programas especializados en las drogas: Dar a los transgresores no violentos que infringen la ley por primera vez, y cumplen ciertos requisitos, la oportunidad de cumplir su condena en uno de los programas de rehabilitación que han demostrado evitar la reincidencia más que la cárcel.

12. PLAN PARA UN LIDERAZGO INTERNACIONAL

«Es hora de una nueva alianza de las Américas. Después de ocho años de las erradas políticas del pasado, necesitamos un nuevo liderazgo para el futuro.

Tras décadas de presionar por una reforma de arriba para abajo, necesitamos una agenda que avance la democracia, la seguridad y la oportunidad de abajo para arriba.

Mi política estará guiada por el principio sencillo de que lo que es bueno para el pueblo de las Américas es bueno para los Estados Unidos.

Eso significa medir el éxito no sólo por los acuerdos que se logran entre gobiernos, sino también por el grado en que se realizan las esperanzas del niño de las favelas de Río, se logra la seguridad del policía en la Ciudad de México y se reduce la distancia entre Miami y La Habana».

Barack Obama

La política estadounidense hacia Latinoamérica ha fracasado. Establecer una diplomacia activa en Latinoamérica. Seguir una agenda ambiciosa para extender la democracia, la seguridad y la igualdad de oportunidades por todo el hemisferio.

Restablecer los vínculos diplomáticos con Latinoamérica y el Caribe, vínculos que se han debilitado e iniciar relaciones diplomáticas con los líderes de todos los países, tanto amigos como enemigos. Mandar el mensaje de que Estados Unidos está listo para negociar y tomar la iniciativa.

Promover la democracia en Cuba y en todo el hemisferio. No hay mejores embajadores para la libertad de Cuba que los cubanoamericanos. Autorizar las remesas y los viajes familiares irrestrictos a la isla. Tomar medidas para liberalizar las relaciones con Cuba, y ofrecer incentivos como la relajación del embargo comercial y la ayuda exterior para alentar el cambio en la Isla.

Utilizar una diplomacia bilateral, enérgica y de principios, y enviar un mensaje importante: si el gobierno que sucede a Fidel Castro da pasos importantes hacia la democracia, empezando por la liberación de todos los presos políticos, los Estados Unidos dará pasos para normalizar las relaciones y relajar el embargo que ha regido las relaciones diplomáticas entre ambos países durante las últimas cinco décadas.

Buscar la seguridad energética de América. Reunir a los países de la región en una nueva Sociedad Energética de las Américas con el propósito de trazar una ruta hacia el crecimiento sostenible y la energía limpia. Aumentar las inversiones en recursos energéticos alternativos como la energía eólica y la solar, los biocombustibles y el carbón limpio en Latinoamérica. Permitir a las industrias que emiten carbono en los Estados Unidos recuperar parte de sus costos bajo el sistema «cap-and-trade,» que impone límites y permite el canje, invirtiendo en proyectos energéticos de baja emisión. Compartir tecnologías, aplicar normas ambientales en nuestros acuerdos comerciales y trabajar con instituciones como el Banco Mundial para apoyar este esfuerzo.

Ayuda a América Latina. Aumentar de manera sustancial la ayuda a Latinoamérica y adoptar un Objetivo de Desarrollo del Milenio para reducir la pobreza a la mitad para el año 2015, aumentando nuestra ayuda exterior unos 50,000 millones de dólares. Dar apoyo a los países más pobres del planeta para que construyan comunidades saludables y con un alto nivel de alfabetización, y al mismo tiempo para que disminuyan la pobreza, desarrollen sus mercados y generen riqueza.

Una política comercial que funcione para todas las personas en todos los países. El comercio exterior debe fortalecer la economía estadounidense y generar más empleos en los Estados Unidos. Se opondrá firmemente a los acuerdos que socaven la seguridad económica de los EE. UU. y usar los convenios comerciales para ayudar a implantar normas laborales y ambientales por todo el mundo.

Aumentar la seguridad en la región. Se necesita una nueva iniciativa de seguridad con nuestros vecinos de Latinoamérica y El Caribe, una iniciativa que se extienda más allá de América Central. Fomentar la cooperación regional con el fin de combatir las pandillas, el narcotráfico y la actividad delictiva violenta. Aunar los recursos de los Estados Unidos para apoyar el desarrollo de instituciones policiales y judiciales independientes y capaces.

13. PLAN «IRAK»
(Cumplido al anunciar en febrero 2009 el plan del retiro de las tropas)

«Esta es la verdad: librar una guerra sin fin no obligará a los iraquíes a asumir la responsabilidad de su propio futuro. Y librar una guerra sin fin no hará que el pueblo estadounidense esté más protegido... Fijaré una meta nueva: pondré fin a esta guerra.

No porque la política me obligue. No es porque nuestras fuerzas armadas no puedan resistir la carga, por pesada que sea. Esto es lo tenemos que hacer para garantizar nuestra seguridad nacional y porque es lo que en última instancia mejor nos protegerá del peligro».

Barack Obama

Seguridad insuficiente y progreso político en Irak. Desde que comenzó el aumento de fuerzas y otros recursos militares en Irak más de 1.000 soldados estadounidenses han perdido la vida, y aunque haya aumentado la seguridad, el gobierno iraquí aún no se ha volcado en el esfuerzo por lograr el acuerdo político entre las diferentes facciones, lo que justificó este aumento de fuerzas. Nuestras fuerzas armadas han ayudado a reducir las bajas civiles en Irak a los niveles que se registraban a principios del 2006. Esto es testimonio del arduo trabajo realizado por nuestros militares, de mejoras en sus tácticas de contrainsurgencia y del enorme sacrificio que han hecho ellos y sus familias.

Es también consecuencia de la decisión de muchos sunitas de virarse contra Al Qaeda en Irak y de una pausa en las actividades de las milicias chiítas. Pero la ausencia de un acuerdo político genuino en Irak es consecuencia directa de que el presidente Bush no haya dado al gobierno iraquí la responsabilidad de lograr ese acuerdo.

Presionar a los militares. Más de 1.75 millones de soldados, hombres y mujeres, han prestado servicio en Irak o en Afganistán; más de 620.000 han cumplido múltiples turnos de servicio, una carga pesada para ellos y para sus familias. Además, el material bélico se desgasta nueve veces más rápido de lo normal en Irak tras años de uso constante en el duro medio de ese país.

Como dijo en marzo de 2008 el general George Casey, jefe de Estado Mayor estadounidense: *«El ejército de hoy está desequilibrado. La demanda actual de nuestras fuerzas armadas en Irak y Afganistán excede la oferta sostenible y limita nuestra capacidad de desplegar fuerzas preparadas si surgen otras eventualidades».*

Resurgimiento de Al Qaeda en Afganistán. La decisión de invadir Irak desvió recursos de la guerra en Afganistán, dificultando la captura o eliminación de Osama

Bin Laden y otros responsables de los ataques del 9/11. Casi siete años más tarde, el Talibán ha resurgido en el sur de Afganistán, mientras que Al Qaeda ha usado el espacio proporcionado por la guerra de Irak para reagruparse, entrenarse y planificar otro ataque contra Estados Unidos. El 2007 fue el año de mayor violencia en Afganistán desde la invasión en el 2001. La escala de nuestro despliegue en Irak frena nuestra capacidad para terminar la lucha en Afganistán y da lugar a riesgos estratégicos inaceptables.

Se necesita una nueva estrategia: la guerra de Irak ha durado más que la Primera Guerra Mundial, la Segunda Guerra Mundial y la Guerra Civil de los Estados Unidos. Más de 4.000 estadounidenses han muerto. Más de 60.000 han sido lesionados. Estados Unidos puede gastar US$2.7 billones en esta guerra y sus secuelas, y sin embargo, disfrutamos de menos seguridad en el mundo y estamos más divididos en casa. Con tenaz ingenio y a un alto costo personal, las fuerzas armadas estadounidenses han hallado las tácticas adecuadas para contener la violencia en Irak, pero todavía seguimos una estrategia errónea que no ha logrado que los iraquíes asuman la responsabilidad que les corresponde ni ha restaurado la seguridad de los Estados Unidos y su posición en el mundo.

Incremento en la diplomacia: emprender una enérgica campaña diplomática para llegar a un acuerdo integral respecto a la estabilidad de Irak y de la región. Incorporar a todos los vecinos de Irak, incluso Irán y Siria, como recomienda el bipartidista Informe del Grupo de Estudio de Irak. Asegurar las fronteras de Irak, impedir que países vecinos se inmiscuyan en el gobierno del país, aislar a Al Qaida, apoyar la reconciliación de los grupos sectarios de Irak y prestar apoyo económico a la reconstrucción y el desarrollo de Irak.

Prevención de una crisis humanitaria: La seguridad de Irak exige hacer frente a la crisis humanitaria que éste vive: más de cinco millones de iraquíes se encuentran refugiados o desplazados dentro de su país. Formar un grupo de trabajo internacional para atender esa crisis. Invertir un mínimo de US$2,000 millones en aumentar los servicios que se presta a los refugiados iraquíes en los países vecinos y asegurar que los iraquíes puedan encontrar santuario dentro de su propio país. Colaborar con las autoridades de Irak y de la comunidad internacional para que los que hayan cometido crímenes de guerra, crímenes de lesa humanidad y genocidio tengan que rendir cuentas de sus acciones. Reservar el derecho a intervenir militarmente, con la colaboración de nuestros socios internacionales, para reprimir toda violencia genocida que pueda surgir dentro de Irak.

Acuerdo de permanencia temporal: El «Status of Forces Agreement» (acuerdo que regula la presencia de fuerzas extranjeras en un territorio) y todo acuerdo estratégico debe negociarse en el contexto de una garantía de parte de EE. UU. de que empezará a retirar sus tropas y no mantendrá bases permanentes en territorio iraquí. Todo acuerdo de seguridad debe estar sujeto a la aprobación del Congreso.

14. LA UNIDAD Y LA FE RELIGIOSA

Barack Obama es un cristiano comprometido y su fe informa sus valores. Barack cree que las personas de todos los credos deben unirse para poner en práctica su fe y cambiar este país para bien.

... Nuestros valores deben expresarse no sólo a través de nuestras iglesias o sinagogas, templos o mezquitas; deben expresarse a través de nuestro gobierno. Porque se trate de la miseria o el racismo, los no asegurados o los desempleados, la guerra o la paz, los desafíos que afrontamos hoy no son sencillamente problemas téc-nicos en busca de un plan de diez puntos. Son problemas morales, que tienen su origen en la indiferencia de la sociedad y la insensibilidad del individuo, en las imperfecciones del hombre. Y mientras no hagamos todo lo que esté en nuestro poder personal y colectivo para solucionarlos, sabemos que la conciencia de nuestra nación no puede descansar.

«Y esa noche... recé mi propia oración. Es una oración que creo que comparto con muchos estadounidenses... La esperanza de que podamos convivir de una manera que concilie las creencias de cada uno con el bien de todos.»

Barack Obama

QUINTA PARTE
SU HISTÓRICO DISCURSO DE POSESIÓN

DISCURSO DE POSESIÓN PRESIDENCIAL DE BARACK OBAMA

20 de enero de 2009

Compatriotas:

Me encuentro hoy aquí con humildad ante la tarea que enfrentamos, agradecido por la confianza que me ha sido otorgada, consciente de los sacrificios de nuestros antepasados. Agradezco al presidente Bush su servicio a nuestra nación, así como la generosidad y cooperación que ha demostrado a lo largo de esta transición.

Ya son cuarenta y cuatro los norteamericanos que han hecho el juramento presidencial. Estas palabras han sido pronunciadas durante mareas de prosperidad y aguas tranquilas de la paz. Y, sin embargo, a veces el juramento se hace en medio de nubarrones y furiosas tormentas. En estos momentos, Estados Unidos se ha mantenido no sólo por la pericia o visión de los altos cargos, sino porque nosotros, el pueblo, hemos permanecido fieles a los ideales de nuestros antecesores y a nuestros documentos fundacionales.

Así ha sido. Y así debe ser con esta generación de norte-americanos.

Que estamos en medio de una crisis es algo muy asumido.

Nuestra nación está en guerra frente a una red de gran alcance de violencia y odio. Nuestra economía está gravemente debilitada, como consecuencia de la codicia y la irresponsabilidad de algunos, pero también por el fracaso colectivo a la hora de elegir opciones difíciles y de preparar a la nación para una nueva era.

Se han perdido casas y empleos y se han cerrado empresas. Nuestro sistema de salud es caro; nuestras escuelas han fallado a demasiados; y cada día aporta nuevas pruebas de que la manera en que utilizamos la energía refuerzan a nuestros adversarios y amenazan a nuestro planeta.

Estos son los indicadores de una crisis, según los datos y las estadísticas. Menos tangible pero no menos profunda es la pérdida de confianza en nuestro país, un temor persistente de que el declive de Estados Unidos es inevitable y de que la próxima generación debe reducir sus expectativas.

Hoy os digo que los desafíos a los que nos enfrentamos son reales. Son graves y son muchos. No los enfrentaremos fácilmente o en un corto periodo de tiempo. Pero Estados Unidos debe saber que les haremos frente.

Hoy nos reunimos porque hemos elegido la esperanza sobre el temor, la unidad de propósitos sobre el conflicto y la discordia. Hoy hemos venido a proclamar el fin de las quejas mezquinas y las falsas promesas, de las recriminaciones y los dogmas caducos que durante demasiado tiempo han estrangulado a nuestra política.

Seguimos siendo una nación joven, pero, según las palabras de las Escrituras, ha llegado el momento de dejar de lado los infantilismos. Ha llegado el momento de reafirmar nuestro espíritu de firmeza: de elegir nuestra mejor historia; de llevar hacia adelante ese valioso don, esa noble idea que ha pasado de generación en generación: la promesa divina de que todos son iguales, todos son libres y todos merecen la oportunidad de alcanzar la felicidad plena.

Al reafirmar la grandeza de nuestra nación, somos conscientes de que la grandeza nunca es un regalo. Debe ganarse. Nuestro camino nunca ha sido de atajos o de conformarse con menos. No ha sido un camino para los pusilánimes, para los que prefieren el ocio al trabajo o buscan sólo los placeres de la riqueza y la fama. Más bien, han sido los que han asumido riesgos, los que actúan, los que hacen cosas -algunos de ellos reconocidos, pero más a menudo hombres y mujeres desconocidos en su labor, los que nos han llevado hacia adelante por el largo, escarpado camino hacia la prosperidad y la libertad.

Por nosotros se llevaron sus pocas posesiones materiales y viajaron a través de los océanos en busca de una nueva vida. Por nosotros trabajaron en condiciones infrahumanas y se establecieron en el oeste; soportaron el látigo y araron la dura tierra.

Por nosotros lucharon y murieron en lugares como Concord y Gettysburg, Normandía y Khe Sahn.

Una y otra vez estos hombres y mujeres lucharon y se sacrificaron y trabajaron hasta tener llagas en las manos para que pudiéramos tener una vida mejor. Veían a Estados Unidos más grande que la suma de nuestras ambiciones individuales, más grande que todas las diferencias de origen, riqueza o facción. Este es el viaje que continuamos hoy. Seguimos siendo la nación más próspera y poderosa de la Tierra. Nuestros trabajadores no son menos productivos que cuando empezó esta crisis. Nuestras mentes no son menos inventivas, nuestros bienes y servicios no son menos necesarios que la semana pasada, el mes pasado o el año pasado. Nuestra capacidad no ha disminuido. Pero el tiempo del inmovilismo, de la protección de intereses limitados y de aplazar las decisiones desagradables, ese tiempo seguramente ha pasado. A partir de hoy, debemos levantarnos, sacudirnos el polvo y volver a empezar la tarea de rehacer Estados Unidos.

Porque allí donde miremos, hay trabajo que hacer. El estado de la economía requiere una acción audaz y rápida y actuaremos no sólo para crear nuevos empleos sino para levantar nuevos cimientos para el crecimiento. Construiremos carreteras y puentes, las redes eléctricas y las líneas digitales que alimentan nuestro comercio y nos mantienen unidos. Pondremos a la ciencia en el lugar donde se merece y aprovecharemos las maravillas de la tecnología para aumentar la calidad de la sanidad y reducir su coste. Utilizaremos el sol, el viento y la tierra para alimentar a nuestros automóviles y hacer funcionar nuestras fábricas. Y transformaremos nuestras escuelas y universidades para hacer frente a las necesidades de una nueva era.

Todo esto podemos hacerlo. Y todo esto lo haremos.

Algunos cuestionan la amplitud de nuestras ambiciones y sugieren que nuestro sistema no puede tolerar demasiados grandes planes. Sus memorias son cortas. Porque han olvidado lo que este país ya ha hecho; lo que hombres y mujeres libres pueden lograr cuando la imaginación se une al interés común y la necesidad a la valentía.

Lo que no entienden los cínicos es que el terreno que pisan ha cambiado y que los argumentos políticos estériles que nos han consumido durante demasiado tiempo ya no sirven.

La pregunta que nos hacemos hoy no es si nuestro gobierno es demasiado grande o pequeño, sino si funciona - ya sea para ayudar a las familias a encontrar trabajos con un sueldo decente, cuidados que pueden pagar y una jubilación digna. Allí donde la respuesta es sí, seguiremos avanzando y allí donde la respuesta es no, pondremos fin a los programas. Y a los que manejamos el dinero público se nos pedirán cuentas para gastar con sabiduría, cambiar los malos hábitos y hacer nuestro trabajo a la luz del día, porque sólo entonces podremos restablecer la confianza vital entre un pueblo y su gobierno.

La cuestión para nosotros tampoco es si el mercado es una fuerza del bien o del mal. Su poder para generar riqueza y expandir la libertad no tiene rival, pero esta crisis nos ha recordado a todos que sin vigilancia, el mercado puede descontrolarse y que una nación no puede prosperar durante mucho tiempo si favorece sólo a los ricos. El éxito de nuestra economía siempre ha dependido no sólo del tamaño de nuestro Producto Nacional Bruto, sino del alcance de nuestra prosperidad, de nuestra habilidad de ofrecer oportunidades a todos los que lo deseen, no por caridad sino porque es la vía más segura hacia el bien común. En cuanto a nuestra defensa común, rechazamos como falsa la elección entre nuestra seguridad y nuestros ideales. Nuestros padres fundadores, enfrentados a peligros que apenas podemos imaginar, redactaron una carta para garantizar el imperio de la ley y los derechos humanos, una carta que se ha expandido con la sangre de generaciones. Esos ideales aún alumbran el mundo y no renunciaremos a ellos por conveniencia. Y a los otros pueblos y gobiernos que nos observan hoy, desde las grandes capitales al pequeño pueblo donde nació mi padre: sabed que América es la amiga de cada nación y cada hombre, mujer y niño que persigue un futuro de paz y dignidad y de que estamos listos a asumir el liderazgo una vez más.

Recordad que generaciones anteriores se enfrentaron al fascismo y al comunismo no sólo con misiles y tanques, sino con sólidas alianzas y firmes convicciones.

Comprendieron que nuestro poder solo no puede protegernos ni nos da derecho a hacer lo que nos place. Sabían por contra que nuestro poder crece a través de su uso prudente, de que la seguridad emana de la justicia de nuestra causa, la fuerza de nuestro ejemplo y las cualidades de la templanza, la humildad y la contención.

Somos los guardianes de este patrimonio. Guiados de nuevo por estos principios, podemos hacer frente a esas nuevas amenazas que exigen aún mayor esfuerzo, incluso mayor cooperación y entendimiento entre las naciones. Comenzaremos a dejar Irak, de manera responsable, a su pueblo, y forjar una paz ganada con dificultad en Afganistán. Con viejos amigos y antiguos contrincantes, trabajaremos sin descanso para reducir la amenaza nuclear y hacer retroceder el fantasma de un planeta que se calienta. No vamos a pedir perdón por nuestro estilo de vida, ni vamos a vacilar en su defensa, y para aquellos que pretenden lograr su fines mediante el fomento del terror y de las matanzas de inocentes, les decimos desde ahora que nuestro espíritu es más fuerte y no se lo puede romper; no podéis perdurar más que nosotros, y os venceremos.

Porque sabemos que nuestra herencia multiétnica es una fortaleza, no una debilidad. Somos una nación de cristianos y musulmanes, judíos y e hindúes y de no creyentes.

Estamos formados por todas las lenguas y culturas, procedentes de cada rincón de esta Tierra; debido a que hemos probado el mal trago de la guerra civil y la segregación, y resurgido más fuertes y más unidos de ese negro capítulo, no podemos evitar creer que los viejos odios se desvanecerán algún día, que las líneas divisorias entre tribus pronto se disolverán; que mientras el mundo se empequeñece, nuestra humanidad común se revelará; y América tiene que desempeñar su papel en el alumbramiento de una nueva era de paz.

Al mundo musulmán, buscamos un nuevo camino adelante, basado en el interés mutuo y el respeto mutuo. A aquellos líderes en distintas partes del mundo que pretenden sembrar el conflicto, o culpar a Occidente de los males de sus sociedades, debéis saber que vuestros pueblos os juzgarán por lo que que podéis construir, no por lo que destruyáis.

A aquellos que se aferran al poder mediante la corrupción y el engaño y la represión de la disidencia, teneis que saber que estáis en el lado equivocado de la Historia; pero os tenderemos la mano si estáis dispuestos a abrir el puño.

A los pueblos de las naciones más pobres, nos comprometemos a colaborar con vosotros para que vuestras granjas florezcan y dejar que fluyan aguas limpias; dar de comer a los cuerpos desnutridos y alimentar las mentes hambrientas. Y a aquellas naciones que, como la nuestra, gozan de relativa abundancia, les decimos que no nos podemos permitir más la indiferencia ante el sufrimiento fuera de nuestras fronteras, ni podemos consumir los recursos del mundo sin tomar en cuenta las consecuencias. Porque el mundo ha cambiado, y nosotros tenemos que cambiar con él.

Al contemplar la ruta que se despliega ante nosotros, recordamos con humilde agradecimiento aquellos estadounidenses valientes quienes, en este mismo momento, patrullan desiertos lejanos y montañas distantes. Tienen algo que decirnos, al igual que los héroes caídos que yacen en (el cementerio nacional de) Arlington susurran desde los tiempos lejanos. Les rendimos homenaje no sólo porque son los guardianes de nuestra libertad, sino también porque encarnan el espíritu de servicio; la voluntad de encontrar sentido en algo más grande que ellos mismos. Sin embargo, en este momento -un momento que definirá una generación- es precisamente este espíritu el que tiene que instalarse en todos nosotros.

Por mucho que el gobierno pueda y deba hacer, en última instancia esta nación depende de la fe y la decisión del pueblo estadounidense. Es la bondad de acoger a un extraño cuando se rompen los diques, la abnegación de los trabajadores que prefieren recortar sus horarios antes que ver a un amigo perder su puesto de trabajo, lo que nos hace superar nuestros momentos más oscuros. Es la valentía del bombero al subir una escalera llena de humo, pero también la voluntad del progenitor de cuidar a un niño, lo que al final decide nuestra suerte.

Nuestros desafíos podrían ser nuevos. Las herramientas con que los hacemos frente podrían ser nuevas. Pero esos valores sobre los que depende nuestro éxito - el trabajo duro y la honestidad, la valentía y el juego limpio, la tolerancia y la curiosidad, la lealtad y el patriotismo - esas cosas son viejas. Esas cosas son verdaderas. Han sido la fuerza silenciosa detrás de nuestro progreso durante toda nuestra historia. Lo que se exige, por tanto, es el regreso a esas verdades. Lo que se nos pide ahora es una nueva era de responsabilidad - un reconocimiento, por parte de cada estadounidense, de que tenemos deberes para con nosotros, nuestra nación, y el mundo, deberes que no admitimos a regañadientes, sino que acogemos con alegría, firmes en el conocimiento de que no hay nada tan gratificante para el espíritu, tan representativo de nuestro carácter que entregarlo todo en una tarea difícil.

Este es el precio y la promesa de la ciudadanía.

Esta es la fuente de nuestra confianza - el saber que Dios nos llama a dar forma a un destino incierto.

Este es el significado de nuestra libertad y de nuestro credo por lo que hombres y mujeres y niños de todas las razas y de todas las fes pueden unirse en una celebración a lo largo y ancho de esta magnífica explanada, por lo que un hombre cuyo padre, hace menos de 60 años, no habría sido servido en un restaurante ahora está ante vosotros para prestar el juramento más sagrado.

Así que, señalemos este día haciendo memoria de quiénes somos y de lo largo que ha sido el camino recorrido. En el año del nacimiento de América, en uno de los más fríos meses, una reducida banda de patriotas se juntaba ante las menguantes fogatas en las orillas de un río helado. La capital se había abandonado. El enemigo avanzaba. La nieve estaba manchada de sangre. En un momento en que el desenlace de nuestra revolución estaba más en duda, el padre de nuestra nación mandó que se leyeran al pueblo estas palabras:

«Que se cuente al mundo del futuro que en las profundidades del invierno, cuando nada salvo la esperanza y la virtud podían sobrevivir... la urbe y el país, alarmados ante un peligro común, salieron a su paso.»

América. Ante nuestros peligros comunes, en este invierno de nuestras privaciones, recordemos esas palabras eternas. Con esperanza y virtud, sorteemos nuevamente las corrientes heladas, y aguantemos las tormentas que nos caigan encima. Que los hijos de nuestros hijos digan que cuando fuimos puestos a prueba nos negamos que permitir que este viaje terminase, no dimos la vuelta para retroceder, y con la vista puesta en el horizonte y la gracia de Dios encima de nosotros, llevamos aquel gran regalo de la libertad y lo entregamos a salvo a las generaciones venideras.

Gracias, que Dios os bendiga, que Dios bendiga a América.

SEXTA PARTE

ANÁLISIS Y REFLEXIONES SOBRE OBAMA

Y LLEGÓ OBAMA

EE. UU. no puede solo;
sin EE. UU. no podemos.

Por: Felipe González
Ex Presidente del Gobierno Español
Derechos especiales para este libro

El futuro es imprevisible y en algunos casos, como el español, hasta el pasado lo es. Por eso es difícil hablar del futuro de la gestión Obama, aunque, sin duda, hay que moderar unas expectativas exageradas.

Por razones obvias, mis prioridades en política exterior coinciden con las que considero que son las de mi país. En España, potencia media, éstas se sitúan en la Unión Europea, América Latina y el Mediterráneo. Y de manera natural, también es prioridad la relación con Estados Unidos.

Hay bastante consenso sobre la grave situación por la que atraviesa el mundo, inmerso en la mayor crisis financiera y económica de la que se tenga recuerdo, con amenazas a la seguridad global tan evidentes como las del Oriente Próximo y Asia Central, el terrorismo internacional o la criminalidad organizada afectando a todas las regiones del planeta. Y parece perdida la previsibilidad de la poco añorada era de la política de bloques, porque conviene recordar que a la gerontocracia soviética de antaño no se le hubiera ocurrido cortar el gas a los europeos. Eran malvados previsibles.

En este marco global, al que acompañan las amenazas de cambio climático, irrumpe Obama. «Y en esto llegó Obama», como se decía en Cuba hace 50 años.

Estados Unidos es, y va a seguir siendo, la primera potencia del mundo, y como tal seguirá teniendo intereses y prioridades globales. Pero la dimensión y complejidad de las crisis que atravesamos hacen imposible que EE. UU. pueda afrontarlas en solitario. Esto marca el fin de un unilateralismo que ha agravado la situación. Así parece haberlo reconocido el nuevo presidente.

Sin embargo, a los que sienten satisfacción al comprobar que EE. UU. no puede seguir considerándose como un superpoder en solitario, y anuncian los albores de su decadencia, conviene advertirles que nosotros, europeos o latinoamericanos, tampoco podremos prescindir de Estados Unidos para afrontar los desafíos que tenemos por delante. La ecuación es simple: EE. UU. no puede solo; sin EE. UU. no podemos.

Al unilateralismo suele oponerse el multilateralismo, pero mejor haríamos en pensar en articulaciones regionales abiertas, como la Unión Europea o una América Latina coordinada, para que haya un sistema internacional de relaciones de poder y de cooperación más eficiente y compensado.

América Latina, aunque hay excepciones, debería definir prioridades e intereses comunes, asumiendo su variedad, en una nueva relación con Estados Unidos. Lo mismo esperaría de la Unión Europea, pero con más razón dado el grado de desarrollo de su integración económica y política.

No es difícil imaginar, si contribuimos a ello, una nueva relación entre estas dos regiones del mundo y el Estados Unidos presidido por Obama. Incluyo la posible triangulación de la relación atlántica: Estados Unidos, América Latina y la Unión Europea.

La condición de potencia global conduce a políticas de brocha gorda y los que no tenemos esa condición podemos afinar con el pincel. El trato con la potencia global es más razonable cuando los que no lo son tienen claras sus prioridades y analizan las convergencias y complementariedades, así como las contradicciones, con aquella.

Europeos y latinoamericanos nos podemos pronunciar sobre cualquier problema, pero debemos reconocer que si se trata, por ejemplo, de Corea del Norte o de otra cuestión alejada de nuestras prioridades, la relevancia o el peso que tengamos en la solución será menor que la de China, por seguir con el ejemplo.

Tampoco hay que esperar a que sea EE. UU. quien decida o proponga la definición de sus intereses para reaccionar por nuestra parte. En Latinoamérica, el problema es más de ausencia de estrategia por parte de EE. UU. que de una estrategia equivocada. En Europa, después de los acuerdos estratégicos de 1995, poco o nada se ha implementado para contrastar nuestras prioridades como Unión con las de EE.

UU. A diferencia de lo que ocurría hace 25 años, en que EE. UU. veía la relación de Europa con América Latina como inaceptable, ahora puede y debe tener una relación suratlántica mucho más sólida. También debe actualizar la noratlántica. Y habida cuenta de los intereses en juego, las identidades culturales y otras variables, se puede ir construyendo una relación triangular. Si se piensa en la realidad económica, en la significación para la lucha contra el cambio climático, e incluso en los intereses de seguridad frente al crimen organizado y al narcotráfico, pondríamos realmente en valor este conjunto.

Existen bases suficientes para avanzar en las relaciones entre estos conjuntos y hay que aprovecharlas, clarificando nuestras prioridades y contrastándolas con la Administración Obama. La materialización de las expectativas generadas por el relevo presidencial en EE. UU. no depende sólo de Obama, sino también de la disposición que otros tengan para aprovechar este cambio de significación histórica, explorando nuevas formas y actitudes para la cooperación.

Los márgenes de maniobra de Obama, y de todos nosotros, se ampliarán o estrecharán en función de lo que hagamos, no sólo de lo que haga su Administración. Por sus características, su elección es, en sí misma, un hecho histórico que a día de hoy no se habría producido en ninguno de los países democráticos que conozco. De los otros ni hablemos.

EL PRÓXIMO PASO DE LOS EE. UU.

Por: Mikhail Gorbachev

Líder de la Unión Soviética de 1985 a 1991
Premio Nobel de Paz 1990
Derechos especiales para este libro

El nuevo presidente de los Estados Unidos ha tomado el juramento de posesión, algo que ocurre regularmente cada cuatro años. Sin embargo, esta vez, se trataba de un acontecimiento sin precedentes.

Se siguió una campaña sin precedentes, tanto en esencia como en la urgencia que lo circunda; sin precedentes también fue el compromiso de la gente, particularmente de los jóvenes.

Igualmente sin precedentes fue el resultado -un hito al enterrar el legado de la esclavitud y el racismo. El apoyo y la confianza al Presidente Barack Obama entre los Americanos, inclusive por parte de muchos que no votaron por él, también se constituye en un acontecimiento sin precedentes.

A nivel mundial, también ha habido un interés sin precedentes en la campaña, y en las esperanzas de todos por el cambio en la política de los Estados Unidos. Prácticamente todos en el mundo entero ahora le desean éxitos a Obama.

La principal razón de todo esto es que las tensiones económicas y políticas a nivel mundial, y la presión de los problemas que se han acumulado por décadas, no son un precedente nuevo.

En su discurso de posesión, Obama mencionó los problemas en forma serena y lúgubre. La crisis, dijo, es «consecuencia de la codicia e irresponsabilidad de parte de algunos pocos, pero también nuestro descuido colectivo para tomar decisiones difíciles y preparar la nación para una nueva era».

El apoyo Americano le ofrece a Obama una gran oportunidad. Pero las grandes expectativas generadas en toda la nación y a nivel mundial también pueden ser una carga, que él y su equipo tienen que llevar sobre sus hombros. Él ha elegido su gente; y aún es demasiado temprano para saber si su elección dará la medida. Es comprensible, que el presidente se centrará primero en la crisis económica. Pero resolver los problemas económicos de América sin cambios radicales en el mundo será imposible.

El «consenso de los Washingtonianos» que asumían que la economía mundial podría ser diseñada desde un solo centro ha sido desacreditada como modelo global. Tal consenso se basaba totalmente en las utilidades y en el consumo excesivo, y en las instituciones fracasadas y obsoletas.

Un nuevo modelo debe reconocer la necesidad de una cooperación multilateral. En su discurso, Obama reconoció que las amenazas de hoy demandan una «cooperación aún mayor y el entendimiento entre las naciones.» Estoy seguro que por fuerte que sean las críticas e incluso la ira sobre algunas acciones de los Estados Unidos en todo el mundo —en Europa, China, Rusia, América Latina-, los jefes de Estado y el público en general entienden la importancia del rol de América y están prestos a cooperar con ella.

Pero precisamente este es el quid del asunto. Está América lista? Y si así es, sobre qué base –vieja o nueva- está lista?.

En su discurso, Obama dijo, *«El mundo ha cambiado, y debemos cambiar con él»*.

El compromiso que significan esas palabras debe ser demostrado con actos y decisiones específicas.

Eso requerirá un análisis honesto y realista de la situación a nivel mundial.

Ese tipo de análisis no se ha dado en los Estados Unidos desde hace casi dos décadas. América ha sido vista como una nación casi omnipotente. La arrogancia y el triunfalismo la encegueció como a un legislador; los lemas reemplazaron el pensamiento serio.

El siglo XX fue un siglo Americano -hagamos del siglo XXI otro siglo Americano. Ese sentimiento expresado por el presidente de los Estados Unidos hace más de una década, fue emulado por quienes han guiado las políticas de los Estados Unidos de los años recientes.

El mundo no está de acuerdo en representar el papel de un «extra» en una película con guión de los Estados Unidos. Finalmente, parece que los Estados Unidos está reconociendo esa actitud. América se está desembriagando de la larga euforia sobre su supuesta omnipotencia.

La consecuencia de la elección presidencial es un reconocimiento de que la fortaleza Americana no proviene de la construcción de un imperio o de aventuras militares, sino de su capacidad de corregir sus errores, bien sea que se hayan cometido hace mucho tiempo o recientemente.

Un cambio de rumbo de la política externa no se puede diseñar de la noche a la mañana, particularmente cuando lo que se requiere no es cuestión de solo ajuste sino una revisión total. Lo que el presidente y los miembros de su equipo han dicho no es suficiente para discernir el rumbo que ellos tomarán.

Sin embargo, Obama ha tenido todo tipo de consejos.

Zbigniev Brzezinski está proponiendo centrarse en las relaciones con China. Sus recientes observaciones en Beijing parecen sugerir un tipo de condominio, un G-2 entre los Estados Unidos y China. Por supuesto, la importancia económica y política de China en todo el mundo seguirá creciendo, pero pienso que quienes les gustaría iniciar un nuevo juego geopolítico estarán en él por decepción.

China probablemente no lo aceptará, más específicamente porque dicho tipo de juegos pertenecen al pasado.

En forma similar, la propuesta de Henry Kissinger de «un nuevo orden mundial» parece asumir una nueva división política del mundo. Lo que realmente necesitamos son nuevos enfoques modernos.

Varios Jefes de Estado Europeos, políticos veteranos y figuras públicas han instado al nuevo presidente de los Estados Unidos a que reconsidere políticas del pasado que por mucho tiempo se han dado por sentado. Los Estados Unidos, que en 1990 firmaron la Carta de París en pro de una Nueva Europa, podría ser un socio natural en la creación de una nueva estructura de seguridad Europea -un proyecto que ahora se encuentra en discusión.

También espero que el presidente vea el gran potencial positivo inherente a las relaciones con Rusia, que han sido mal manejadas en los años recientes. Un cambio para mejorarlas podría darse muy pronto, ayudando a moverse en una dirección de relaciones más saludables con los vecinos de Rusia y con Europa en general.

En desarrollo del diseño de la política de Medio Oriente, es inevitable una batalla real. Si algo debería convertirse en algo cristalino en los años recientes, es que «los negocios como es usual» simplemente no funcionan en esa región. Dicha táctica sólo hace que Medio Oriente sea aún más peligroso, un campo fértil de extremismo y terrorismo. Las políticas actuales de los Estados Unidos no han sido buenas para la región en general o, en particular, para Israel, una nación con la que los Estados Unidos tiene buenas relaciones.

Dos problemas de largo plazo se han tornado en una urgencia especial los cuales requerirán una atención más cercana por parte de Obama: la no proliferación nuclear y la crisis mundial del medio ambiente. No será fácil desenmarañar la intrincada red de contradicciones que rodean a dichos problemas. Reducir la no proliferación a la exigen-

cia que Irán y Corea del Norte dejen sus programas nucleares solo conducirá a un callejón sin salida Las potencias
nucleares no podrán mantener su monopolio indefinidamen-
te, y desde luego que el Tratado de No Proliferación no lo
permitirá. La solución es moverse a un mundo sin armas
nucleares. Pero este objetivo no se puede lograr si un país
retiene una superioridad arrolladora sobre los demás en
armas convencionales. Sin medidas específicas para reducir tales armas -más generalmente, sin desmilitarizar las
políticas internacionales- solo tendremos conversaciones
vacías. Lo que se necesita es un verdadero adelanto, como
el logrado a finales de los años 1980.

A juzgar por el discurso inaugural de Obama, él entien-
de que aún cuando afronte los desafíos inmediatos de la
crisis económica, no debe pugnar por los problemas adicionales como la pobreza y los inconvenientes del medio
ambiente, particularmente el cambio en el clima. Promover el desarrollo económico y preservar el planeta para
las futuras generaciones puede ser contradictorio; la única forma de resolver este choque de prioridades es desarrollar políticas multilateralmente.

Esto es válido para prácticamente cualquier problema,
en todas las áreas. Sospecho que ahora mismo mucha gente
está sopesando el llamado del nuevo presidente de los
Estados Unidos a una nueva era de responsabilidad. Quizá
ni él ni nosotros podamos aún ver que forma irá a tomar.
Sin embargo, una cosa ya es clara: Desde luego que ya
estamos en la cúspide de una nueva era, en camino a un
nuevo mundo en el que podamos viajar todos juntos.

«LA CRISIS SERÁ PELIGROSA, BRUTAL Y LARGA»

Por: Paul Krugman

Premio Nobel de Economía 2008
Derechos especiales para este libro

ATRAPADO EN EL MEDIO

Como alguien que presta atención a las noticias financieras y de negocios, yo me encuentro en estado de gran ansiedad económica. Como todos los de buena voluntad, espero que la Alocución inaugural del Presidente Barack Obama ofrezca alguna seguridad, que sugiera que la nueva administración se va a ocupar de estos asuntos.

Pero no lo iría a hacer. Yo terminé el martes menos confiado acerca de la dirección que se le daría a la política económica de lo que estaba en la mañana.

Sólo para hacer claridad, no había nada notoriamente mal en la alocución -si bien para quienes aún esperan que Obama va a conducir el camino hacia la salud universal, fue decepcionante que él hablara sólo del costo excesivo de la atención a la salud, nunca mencionó la situación difícil de quienes no están asegurados ni de los que tienen un seguro precario de salud. También uno desearía que quienes escribieron el discurso hubieran aparecido con algo más inspirador que un llamado a una «era de responsabilidad» —que, para no ir tan lejos, fue lo mismo que George W. Bush dijera hace ocho años.

Pero lo que le critico al discurso, sobre el tema económico, es su formalismo.

En respuesta a su crisis económica sin precedentes —o, más exactamente, una crisis cuyo precedente real es la Gran Depresión- Obama hizo lo que la gente en Washington hace cuando desean parecer serios: Él habló, mas o menos en abstracto, sobre la necesidad de tomar decisiones difíciles y enfrentar resueltamente los intereses especiales.

Eso no es suficiente. De hecho, ni siquiera es correcto.

En consecuencia, en su discurso Obama atribuyó la crisis económica en parte a «nuestro descuido colectivo para tomar decisiones difíciles y preparar la nación para una nueva era» —pero no tengo ni idea de lo que quiso decir. Esta es, primero que todo, una crisis generada por la huidiza industria financiera. Y si nos descuidamos en llevar las riendas de esa industria, no fue porque el «colectivo» Americano se negó a tomar decisiones difíciles; el público Americano no tenía ni idea de lo que estaba pasando, y la mayoría de la gente que lo sabía pensaba que la liberalización era una gran idea.

O considere la siguiente frase de Obama: «Nuestros trabajadores no son menos productivos que cuando comenzó esta crisis. Nuestras mentes no son menos inventivas, nuestros bienes y servicios no son menos demandados de lo que fueron la semana pasada o el mes pasado o el año pasado. Nuestra capacidad sigue íntegra. Pero el tiempo de oponerse a los cambios, de proteger intereses mezquinos y de aplazar las decisiones incómodas, ese tiempo ha pasado».

La primera parte de este pasaje casi con toda seguridad fue parafraseada con las palabras que John Maynard Keynes escribió cuando el mundo se consumió en la Gran Depresión —y se sintió un gran alivio, después de décadas de las denuncias del gobierno, al escuchar un nuevo presidente repetir lo que dijo Keynes.

«Los recursos de la naturaleza y los estratagemas de los hombres», escribió Keynes, «son tan fértiles y productivos como eran ellos. La velocidad de nuestro avance hacia la resolución de los problemas materiales de la vida no es menos rápida. Nosotros somos tan capaces como antes de ofrecer a todos un alto nivel de vida.... Pero hoy nos hemos involucrado en un embrollo que ha arruinado el control de una delicada máquina que no entendemos.

Pero algo se perdió en la traducción. Obama y Keynes sostienen que estamos dejando de usar nuestra capacidad económica. Pero la visión de Keynes —de que estamos en un «embrollo» que requiere ser arreglado- de alguna manera fue reemplazada por el estándar «todos tenemos la culpa, hagámonos más fuertes».

Recuerden, Herbert Hoover no tuvo problemas en tomar decisiones desagradables: El tuvo el coraje y la fortaleza de recortar el gasto y elevar los impuestos frente a la

Gran Depresión. Infortunadamente, eso empeoró las cosas. Aún un discurso sigue siendo sólo un discurso. Los miembros del equipo económico de Obama ciertamente entienden la naturaleza extraordinaria del desorden en que nos encontramos. Así que el tono de la alocución del martes puede no significar nada acerca de la futura política de la administración Obama.

De otro lado, Obama es, como lo señaló su predecesor, la persona que decide. Y muy pronto él va a tener que tomar algunas grandes decisiones. En particular, él va a tener que decidir qué tan intrépido va a ser en sus movimientos para sostener el sistema financiero, cuando el panorama se haya deteriorado de una forma tan drástica que un número sorprendente de economistas, no todos ellos especialmente liberales, ahora sostienen que para resolver la crisis se requerirá la nacionalización temporal de algunos bancos importantes.

¿Entonces está Obama preparado para ello? O eran las trivialidades de su Alocución inaugural una señal que él esperará en la sabiduría convencional para ponerse al día con los acontecimientos? Si es así, su administración se encontrará peligrosamente detrás de la curva.

Y ese no es un lugar en el que nosotros deseemos que esté el nuevo equipo. Si no tomamos acciones drásticas pronto, nos podemos encontrar atascados en el embrollo por mucho tiempo...

Ideas para Obama

Al presidente electo Barack Obama le pidieron que respondiese a los escépticos que afirman que su plan de estímulo no bastará para ayudar a la economía. Obama respondió que quiere oír ideas sobre «cómo gastar dinero de manera eficiente y eficaz para hacer que arranque la economía». Pues bien, entraré al trapo, aunque como explicaré en breve, la metáfora del «arranque» es parte del problema.

En primer lugar, Obama debería descartar su propuesta de dedicar 114.000 millones de euros a subvenciones fiscales a empresas, lo cual no ayudaría mucho a la economía. Lo ideal sería que desechase también el recorte propuesto de 114.000 millones de euros en impuestos sobre la renta, aunque soy consciente de que fue una promesa electoral.

El dinero no despilfarrado en recortes de impuestos inútiles podría usarse para proporcionar más ayuda a los estadounidenses con problemas: aumentar las prestaciones de desempleo, ampliar el *Medicaid* [asistencia médica a personas sin recursos] y más. ¿Y por qué no iniciar ya las subvenciones para seguros -probablemente a un ritmo de 75.000 millones de euros o más al año- que serán esenciales si queremos una atención sanitaria universal?

Pero lo principal es que Obama necesita ampliar su plan. Para entender por qué, echen un vistazo a un nuevo informe de su propio equipo económico.

Christina Romer, futura directora del Consejo de Asesores Económicos, y Jared Bernstein, que será economista jefe del vicepresidente, publicaban cálculos sobre lo que se conseguirá con el plan económico de Obama. Su informe es razonable e intelectualmente honrado, un cambio que se agradece después de las farragosas matemáticas de los últimos ocho años. Pero también deja claro que el plan se queda muy escaso respecto a lo que la economía necesita.

De acuerdo con Romer y Bernstein, el plan de Obama alcanzará su máximo impacto en el cuarto trimestre de 2010. Proyectan que, sin el plan, la tasa de desempleo en ese trimestre sería de un desastroso 8,8%. Pero incluso con el plan, el desempleo sería del 7%, aproximadamente como en la actualidad.

En el informe se afirma que, después de 2010, los efectos del plan desaparecerán rápidamente. Sin embargo, la tarea de impulsar la plena recuperación no quedaría rematada: la tasa de desempleo se mantendría en un doloroso 6,3% en el último trimestre de 2011. Es cierto que la previsión económica es una ciencia inexacta, en el mejor de los casos, y las cosas podrían ir mejor de lo que predice el informe. Pero también podrían ir peor. En el informe se reconoce que «algunos analistas particulares prevén que las tasas de desempleo llegarán al 11% si no se toma ninguna medida». Y yo coincido con Lawrence Summers, otro miembro del equipo económico de Obama, que recientemente declaraba: «En esta crisis, hacer demasiado poco plantea una mayor amenaza que hacer demasiado». Por desgracia, ese principio no se refleja en el plan actual.

¿Cómo puede entonces Obama hacer más? Incluyendo en su plan mucha más inversión pública, lo cual será posible si adopta un punto de vista más a largo plazo.

El informe de Romer y Bernstein reconoce que «un dólar de gasto en infraestructuras es más eficaz para crear puesto de trabajo que un dólar de rebajas fiscales». Sin embargo, sostiene que «en un marco temporal corto, la inversión pública que puede efectuarse con eficacia tiene un límite». ¿Pero por qué tiene que ser corto el marco temporal?

Por lo que yo sé, los planificadores de Obama se han centrado en proyectos de inversión que impulsarán el empleo sobre todo a lo largo de los próximos dos años. Pero dado que es probable que el desempleo siga siendo elevado mucho más allá de esa ventana de dos años, el plan debería incluir también proyectos de inversión a más largo plazo.

Y hay que tener en cuenta que incluso un proyecto que surta su mayor efecto en, pongamos, 2011, puede proporcionar un significativo respaldo económico en años anteriores. Si Obama abandona la metáfora del «arranque», si acepta el hecho de que necesitamos un programa plurianual más que un efímero brote de actividad, puede crear muchos más puestos de trabajo mediante la inversión pública, incluso a corto plazo. Aun así, ¿no debería Obama esperar una prueba de que hace falta un plan de miras más anchas y a más largo plazo? No. Ahora mismo la parte del plan de Obama relativa a la inversión está limitada por una escasez de proyectos listos para empezar de inmediato. Si Obama da su visto bueno ahora, podría haber en marcha mucha más inversión para finales de 2010 o 2011; pero si tarda mucho en decidirse, esa oportunidad habrá desaparecido.

Una cosa más: incluso con el plan de Obama, el informe de Romer y Bernstein predice una tasa de desempleo media del 7,3% en los próximos tres años. Es un porcentaje que da miedo, suficientemente elevado como plantear un verdadero riesgo de que la economía estadounidense quede atrapada en una trampa deflacionaria como la de Japón.

Por lo tanto, mi consejo al equipo de Obama es que se olviden de rebajar los impuestos a las empresas y, lo más importante, que afronten la amenaza de hacer demasiado poco haciendo más. Y la forma de hacer más es dejar de hablar de arranques y contemplar con más amplitud de miras las posibilidades para la inversión pública.

CUBA: EL CASO ESPECIAL QUE OBAMA DEBE VIGILAR

Por: Jorge G. Castañeda

Ex Canciller de México

Derechos especiales para este libro

Con la violencia desatada y el desvanecimiento de la esperanza de paz en Gaza, con la tóxica crisis financiera mundial y su penetración en la economía real en todas partes y en todos los niveles, el presidente electo Barack Obama sin duda tiene otras cosas que atender que las relacionadas con América Latina.

Debería mantener su atención en México, que es demasiado importante y problemático para simplemente pasarlo por alto, pero el resto del hemisferio probablemente recibirá más «descuido benévolo» que la atención que merece.

Cuba, no obstante, es un caso especial. Por tres razones: Primero, Obama ha insistido en cambiar la política de Estados Unidos hacia La Habana, porque el enfoque del último medio siglo ha fracasado. En segundo, la salida gradual o precipitada de la escena de Fidel Castro inevitablemente creará una nueva coyuntura crítica en la isla. Y tercero, sea correcta o equivocadamente, la mayoría de los gobiernos de la región ha colocado el levantamiento del embargo y la normalización de los vínculos de Estados Unidos con Cuba en el primer lugar de sus agendas relacionadas con la nueva administración estadounidense. Pero, ¿qué puede hacer exactamente?

Si Obama levanta el embargo unilateralmente estaría diciendo tácitamente a Fidel y/o Raúl Castro y al resto de América Latina que los derechos humanos y la democracia en Cuba no son asuntos suyos — una decisión desafortunada desde todos los puntos de vista. Además, necesitaría 60 votos en el Senado, que en estos momentos no tiene, a menos que obtenga un quid pro quo cubano relativamente explícito sobre reformas económicas, que Raúl Castro no puede darle, esté vivo o muerto su hermano Fidel.

Pero si Obama limita el cambio a, por el momento, sólo permitir un flujo más libre de envíos de dinero y visitas familiares a la isla, esto simplemente restauraría la situación hasta el punto en el que estaba bajo la administración de Bill Clinton — sin duda mejor, aunque apenas, de la que había bajo Bush.

Y, finalmente, si hace de la apertura política una condición previa para el restablecimiento pleno de las relaciones diplomáticas y comerciales, estaría aplicando la misma política seguida infructuosamente por sus últimos 10 predecesores. Quizá haya, sin embargo, una forma de encontrar la cuadratura del círculo. Empieza con un fin unilateral del embargo, en el sentido de que no se espera ni se requiere que el gobierno cubano haga algo a cambio.

Pero un trueque que aplaque al Congreso y coloque los asuntos correctos sobre la mesa podría permitir a Obama cumplir sus promesas: A cambio de que Obama anule el embargo, los protagonistas principales en América Latina — Brasil, Chile, México — se comprometerían a apoyar y buscar activamente un proceso de normalización entre Washington y La Habana, que incluya democracia representativa y respeto de los derechos humanos en Cuba.

Los cubanos reciben algo que ellos dicen que desean (aunque muchos observadores tienen sus dudas): un fin incondicional del embargo, el inicio de un proceso de negociación, y quizá hasta el acceso a fondos de las instituciones financieras internacionales, que ellos necesitan desesperadamente.

Los latinoamericanos obtienen lo que desean: una concesión importante de la nueva administración sobre un asunto altamente simbólico, delicado y conflictivo.

Los defensores de los derechos humanos en América Latina y otras partes del mundo podrían sentirse satisfechos de que están siendo atendidas sus preocupaciones, así como las de la comunidad cubana en el extranjero (incluyendo a María Victoria Arias, una influyente abogada cubana y esposa del hermano de Hillary Clinton, quien es defensora — como ella se describe — del embargo), respecto de elecciones libres, libertad de prensa y de asociación, y la liberación de presos políticos. Esto podría suceder, si no inmediatamente, entonces en un momento acordado de antemano.

Obama se ve muy bien, desde que efectivamente cambió de política durante su campaña, pero obtuvo mucho a cambio: el compromiso de los mayores protagonistas de América Latina con los principios que él promueve, pese a la resistencia tradicional de las naciones latinoamericanas a verse involucrados en los asuntos supuestamente internos de otro país.

E incluso los pocos republicanos moderados (cuyos votos necesitaría el nuevo presidente) podrían proclamar fidelidad a su posición tradicional: que Estados Unidos no regala algo a cambio de nada. De hecho, logró un compromiso claro y público de líderes como Lula da Silva, de Brasil, Michele Bachelet, de Chile, y Felipe Calderón de México, a un proceso de normalización que no seguiría la ruta vietnamita de reforma económica sin reforma política, o cambio de régimen.

¿Aceptarían Brasilia, Santiago y la Ciudad de México un trato así? Quizá no, pero nada se pierde con intentar. Estos países difícilmente podrían seguir exhortando a un fin del embargo y a regresar a Cuba al seno hemisférico, si Washington accediera a hacer justamente eso, pidiendo sólo a cambio que sus vecinos y aliados latinoamericanos respetaran los principios que ellos mismos han jurado respetar, en sus propias constituciones, prácticas y convenios internacionales.

¿Accederían los cubanos a tal acuerdo? Eso es más difícil, y ciertamente no mientras Fidel esté vivo; y quizá tampoco después. En ese caso Obama hubiera levantado el embargo y cedido lo que muchos consideran — equivocadamente, si se analiza la historia — la única palanca real de Estados Unidos, para quedarse sin nada a cambio. Y los latinoamericanos siempre podrían lavarse las manos de todo el asunto, argumentando que hicieron lo más posible. Por otro lado, sin embargo, nadie podría pretender ya que la culpa por el conflicto a través del estrecho de Florida yace solamente en el norte.

Y si levantar el embargo — y en consecuencia todas las prohibiciones sobre los viajes en ambas direcciones, sobre información y envíos de dinero, y sobre una discusión acerca del tema de la compensación por propiedades confiscadas — obliga a Cuba a abrir su sociedad, a diferencia de Vietnam y China, aun así habrá valido la pena.

NEGRO Y BLANCO, NUEVO PODER MUNDIAL

Por: Germán Santamaría
Director Revista DINERS
Derechos especiales para este libro

El negro y el blanco, o sea la mezcla de todos los colores y la ausencia de todo color, será la impronta de los dos rostros que se juegan a fondo para salvar al mundo de la gran crisis económica y para igualmente definir si su país, los Estados Unidos, sigue siendo o no la nación más poderosa sobre la Tierra después del Imperio Romano.

Barack Hussein Obama, de 48 años, y Hillary Rodham Clinton, de 62, negro y blanca, son el Presidente y la Secretaria de Estado de los Estados Unidos de América, y con su política en los próximos cuatro u ocho años afectarán el futuro no sólo de los 300 millones de norteamericanos sino también la suerte de los 6.500 millones de habitantes del planeta. Y nunca antes tantos habían esperado tanto de tan pocos. «Me siento abrumado por los retos que me aguardan», afirmó el nuevo Presidente de los Estados Unidos. *«El mundo nos mira ahora más que nunca»*, dijo la señora Clinton al pagar trece millones de dólares de deudas personales y electorales para poder ocupar la Cancillería más importante del mundo.

Los dos miran al mundo y a su propio país y ven el panorama. Varias naciones, encabezadas por China, creen por primera vez que pueden disputarle la hegemonía universal a los Estados Unidos. La política guerrerista del presidente Bush, que empezó como respuesta al ataque masivo a Nueva York y a Washington en aquel 11 de septiembre, unió en todo el mundo a todos los adversarios de los Estados Unidos. Y la crisis económica que estalló al terminar su mandato es de tal magnitud que tiene al desempleo de los Estados Unidos en una cifra tercer- mundista cercana al diez por ciento, y a su propia industria y comercio y por efecto al mundo entero al borde del abismo.

A lo largo y ancho del mundo campea la sensación, y se palpa, de que cada vez los ricos son más ricos y los pobres son más pobres, y la izquierda internacional culpa de ello al neoliberalismo global de Bush. Pero como paradoja económica está ocurriendo en los actuales momentos que el colapso de los poderosos, con la crisis financiera y la baja de los precios de las materias primas básicas como el petróleo, también acaba de arruinar a los más débiles, porque sin ricos que consuman no hay buenos precios para ningún producto y no hay empresas que crezcan para generar nuevos empleos.

Además de la situación económica, la geopolítica que espera al nuevo Presidente y a su Secretaria de Estado está que arde. La nueva Rusia quiere volver a la política de los zares y se rearma con su fuerza nuclear para desafiar a los Estados Unidos. En Oriente Medio el enfrentamiento entre palestinos e israelíes está tocando fondo. Allí mismo un Irán nuclear es inaceptable para Israel y Europa y los Estados Unidos donde los judíos son una fuerza muy importante en la economía, desde el sistema financiero hasta el poder mediático y el de Hollywood. Además la salida de las tropas norteamericanas de Irak, que prometió Obama, será un espectáculo como para alquilar balcones.

Si las retira derrotadas, la corriente chiita del Islam, fundamentalismo musulmán archienemigo de Estados Unidos y que es mayoría en Irak y que forma la teocracia de Irán, se tomará el país en cuestión de semanas y será un barril de pólvora que explotará en todos los pozos petrolíferos de esa nación y de todo el mundo árabe.

Entonces desde las fuerzas fundamentales del mercado mundial, como la banca, la industria y el comercio, hasta los más pobres de Asia, África y Latinoamérica, esperan que el Presidente Obama salve sus empresas y su propia supervivencia, y que Hillary sea la mensajera de las nuevas y las mejores noticias para todas las naciones.

Juntos y distintos

Estados Unidos es el reino de la clase media. El 90 por ciento de sus habitantes lo máximo que tiene es una buena vivienda, dos carros y una lancha para ir a pescar. De esa clase hacia abajo provienen Obama y Hillary.

Ella, hija de un ama de casa y un comerciante de telas de escasa preponderancia regional. Él, hijo de una antropóloga blanca y un negro de Kenia que vino a estudiar a los Estados Unidos.

Los dos tienen algo en común: el Poder de la buena educación. No obstante su origen, estudiaron Derecho en las mejores universidades de los Estados Unidos, ella en Yale y él en Harvard. Hillary, antes que su marido Bill Clinton fuera Presidente, formaba parte del selecto club de los mejores cien abogados de los Estados Unidos. Obama, una vez que se graduó de manera brillante en Harvard, tuvo la visión de no aceptar un cargo en una empresa sino irse a trabajar en los barrios marginales de Chicago, y cuando le tocó la hora de enamorarse y casarse lo hizo con una negra igualmente brillante e inteligente, lo que le dio su identidad de pertenencia y de raza.

El Presidente Obama entraña en realidad el fenómeno más asombroso de la política mundial de los últimos tiempos. Además de su color y sus raíces islámicas, y de haber sido apenas un buen abogado y senador por dos años, con su carisma y su oratoria resultó un profeta que inspiró a las grandes mayorías de su país y del mundo. «Mi historia y mi triunfo sólo son posibles aquí en Norteamérica», afirmó, y su triunfo deja sin discurso a los nuevos adversarios de los Estados Unidos, como el coronel Hugo Chávez, pues ya no tienen en la Casa Blanca como adversario a un petrolero de Texas sino a un negro que viene de muy abajo y que llegó a la Presidencia gracias únicamente a su talento personal.

El triunfo de Barack Obama igualmente reivindica a la democracia como sistema político. Que en una de las sociedades donde fue más hondo el esclavismo y donde han permanecido durante más tiempo las políticas racistas, donde hasta hace sólo cuarenta años los blancos y los negros no podían compartir los mismos asientos en los transportes públicos, haya ganado la Presidencia un negro, y que allí en la Casa Blanca habite ahora una familia negra, es una demostración contundente de un sistema y una sociedad que apuntan hacia la mayor tolerancia y el mayor juego de oportunidades que se haya conocido jamás en la historia humana.

Además de profeta del optimismo, Obama resultó ser un político seguro y audaz. Sin temor a que lo eclipse, fue capaz de nombrar como su vocera en el mundo a su principal rival, a la blanca que lo combatió a fondo durante la primera campaña, a Hillary Clinton, una mujer tan inteligente como ambiciosa y calculadora, que fue capaz de soportar «los cuernos» más grandes y públicos de la historia moderna con tal de conservar despejado su futuro político.

La esperanza

Los mil habitantes de la pequeña aldea de Kenya donde nació Barack Obama, allí donde la abuela del hoy Presidente de los Estados Unidos, a pie limpio y con una escoba espantaba las gallinas en un patio polvoriento, creen que su suerte y su futuro puede cambiar por lo que ahora empieza a suceder en la Casa Blanca de Washington. Desde allá en África hasta cualquier pueblo del Chocó o del Cauca en Colombia, todos creen que su vida y la situación mundial pueden cambiar con el ascenso de Barack Obama a la Presidencia de los Estados Unidos. Tal vez no haya que esperar tanto. Los problemas del mundo son tantos, y son tantas las esperanzas de cada habitante de la Tierra, que a lo mejor, y lo más seguro, es que este negro y esta blanca no puedan hacer lo suficiente para cambiar el destino de la humanidad entera. Pero la esperanza y la fe son el único motor sin gasolina que ha alimentado y potenciado siempre la vida de cada hombre o mujer de la raza humana.

Ellos, Obama y Hillary, en negro y blanco, en última instancia y de muchas maneras van a determinar el futuro con paz o con guerra, con su espalda o con su mano.

OBAMA NO NOS FALLES

Por: Jorge Ramos

Periodista y presentador Univisión
Derechos especiales para este libro

Es difícil poner en perspectiva la euforia que está causando, en Estados Unidos y en el resto del mundo, el inicio de la presidencia de Barack Obama. Dos cosas la explican: una terrible crisis económica mundial y la personalidad de un hombre, muy joven, que nos asegura que el futuro será mejor.

La promesa de Obama es casi religiosa. Más que caudillo, Obama se nos presenta como un salvador (de empleos, de casas, de la paz, de los derechos humanos, de las causas más justas). Y, la verdad, será imposible que satisfaga todas las expectativas que él ha generado.

Pero eso viene después. Ahora es el momento de la fiesta, del cambio, de echar a volar los papalotes y las esperanzas.

Este momento me recuerda mucho el entusiasmo que presencié en Alemania tras la caída del muro de Berlín. Era noviembre de 1989 y tenía la clara sensación de que el mundo, ahí mismo, estaba cambiando. Con cada martillazo contra ese muro (construido en 1961) caían los cimientos de varias dictaduras en Europa del Este y de décadas de represión.

Todavía tengo como recuerdo los pedazos de ese muro que personalmente arranqué con un cincel. De la misma manera, tengo en mi iPhone fotografías de la campaña del primer afroamericano que llegó a la presidencia de Estados Unidos.

No deja de ser increíble que Obama viva en una casa que fue construida, en parte, por esclavos afroamericanos hace más de 200 años. Esta es, para mí, la señal más clara de progreso.

Estados Unidos, en una elección, corrigió un error de siglos. Sí, sigue el racismo y la discriminación en este país. Pero la lección de Obama para todos los niños norteamericanos es que si él pudo, cualquiera puede también. (Dudo, sin embargo, que esta lección se pueda aplicar en muchos otros países.)

La toma de posesión de Obama me recuerda, también, la alegría de millones de mexicanos cuando perdió el Partido Revolucionario Institucional (PRI) la presidencia en el 2000. El zócalo de la capital era un grito. Terminaban 71 años de gobiernos criminales y autoritarios.

Siempre pensé que me moriría con el PRI en la presidencia, pero no fue así y celebré jugando fútbol en pleno zócalo. Nadie me dijo nada. Al contrario, muchos se sumaron al partido, mientras la policía miraba incrédula. Y cuando Vicente Fox, el candidato del Partido Acción Nacional, salió a reconocer su extraordinaria victoria, la gente le gritaba: «No nos falles». Seis años después, valga la reflexión, Fox le falló a muchos mexicanos. Fue mucho mejor candidato que presidente.

Pero ese 2 de julio del 2000 cambió la historia y aún lo recuerdo. Con Obama está pasando algo parecido aunque, a diferencia de Fox, las expectativas se extienden a todo el mundo. Hay tanta gente que ha perdido su optimismo en el futuro que Obama nos parece, a veces, que es un mago que cumple deseos.

Este es, hay que decirlo, el mejor momento de Obama. Es antes de que empiece a tomar decisiones polémicas, se convierta en humano y regrese a la tierra. Y es justo después que dejamos atrás a un presidente sumamente incapaz e impopular. George W. Bush es el peor presidente de la historia de Estados Unidos, desde que se empezaron a hacer encuestas (las más científicas y formales empezaron en 1936).

La esperanza es que Obama sea borrón y cuenta nueva. Porque Bush deja un terrible legado: un ataque terrorista que lo tomó por sorpresa, la promesa incumplida de capturar a Osama bin Laden, una guerra en Irak que comenzó con mentiras, la peor recesión económica en ocho décadas, la triste imagen de un gobierno que permitió la tortura, la incapacidad de un líder que no supo cómo rescatar a los suyos tras el paso del huracán Katrina, y la era más antiinmigrante que se ha efectuado en Estados Unidos, basándose en el número de redadas y deportados. El lugar de W, ahora está claro, siempre fue en un rancho de Texas y no en la Casa Blanca.

Pero ahora es el momento de ver hacia delante. Obama ofrece un momento de cambio que ocurre, a lo mucho, un par de veces por generación. El reto es gigantesco. Recuerdo perfectamente el momento en que Obama salió por televisión a reconocer su victoria sobre su contrincante John McCain el pasado 4 de noviembre. No sonreía. Estaba taciturno. Era un hombre al que, en ese preciso momento, parecían salirle sus primeras canas.

Atrás habían quedado las promesas de campaña y, de pronto, estaba escuchando el clamor de los que lo eligieron. El sabía que le decían: «No nos falles».

LA HORA DE OBAMA

Por: Tomás Eloy Martínez

Director del programa de Estudios Latinoamerica-
nos
de la Univ. de Rutgers

Derechos especiales para este libro

Barack Obama asume como 44 presidente de los Estados Unidos, el martes 20 de enero, con la peor herencia
que haya recibido un gobernante en su país desde que el
inepto Herbert C. Hoover fue desalojado de la Casa Blanca
por Franklin D. Roosevelt en 1933.

No debe extrañar, entonces, que Obama estudie con atención los primeros movimientos de Roosevelt, quien se ro-
deó de asesores brillantes y logró revertir los desastres de
la era conservadora. La miseria quedó mucho tiempo flo-
tando en el aire, pero hasta las más castigadas víctimas de
la Gran Depresión afrontaron los malos tiempos con esperanza.

Los consejeros del nuevo gobierno han sugerido a Obama
que, como Roosevelt, se ponga en contacto directo con el
pueblo norteamericano para que la enorme expectativa que

despertó su campaña no se apague cuando quede claro que su carisma es insuficiente para doblegar la realidad. Sin ese fuego, las cenizas que ha dejado la administración anterior podrían asfixiarlo.

Al marcharse, George W. Bush deja 46 millones de personas sin seguro de salud. Y una crisis financiera que, según declaró alegremente el vicepresidente Dick Cheney, «nadie vio venir» y cuyas consecuencias afectarán al mundo entero quién sabe por cuánto tiempo.

Revitalizar la economía, el primer punto de la agenda de Obama, se ha convertido en un asunto tan excluyente que hasta le ha permitido postergar su opinión sobre lo que sucede en Gaza. La nueva secretaria de Estado, Hillary Clinton, debió salir en su lugar a exigir que Hamas reconozca sin demoras al Estado de Israel.

Pero lo que por ahora más apremia a los norteamericanos es saber cómo fue posible que en sólo dos meses —octubre y noviembre— se evaporara casi un millón de puestos de trabajo. Quieren que se les diga, sobre todo, qué hará el nuevo presidente para que cese el incesante drenaje laboral, el más pronunciado desde la Segunda Guerra Mundial.

Mi hija menor, que se gradúa dentro de cuatro meses en una universidad del estado de Nueva York, me ha contado que esta vez no habrá, como solía suceder cada fin de ciclo, una feria de empresas interesadas en atraer a los jóvenes profesionales.

El 7,2 por ciento de desempleo es una cifra que los norteamericanos no imaginaban hace dos años, cuando era del

4,4 por ciento. Más de 11 millones de personas están en la calle y si a ellos se sumaran los derrotados que ya se han cansado de golpear puertas y los 3,4 millones que aceptaron un trabajo de medio tiempo aunque necesitan uno de tiempo completo, el porcentaje de desocupación llegaría al 13,5.

La industria manufacturera, la más afectada, canceló 800.000 empleos el año pasado; la siguió la construcción, con 630.000 despidos.

«Comenzamos este año nuevo en medio de una crisis económica como nunca vimos en nuestra vida», dijo Obama, en una de sus intervenciones en busca del apoyo popular.

Tuvo entonces la franqueza de advertir que será difícil evitar, pese a todo, que el desempleo roce los dos dígitos a fines de 2009.

Antes de asumir, ha comenzado a trabajar con su equipo económico y representantes de ambos partidos «en un Plan de Recuperación y Reinversión que decidirá grandes capitalizaciones para revivir la economía y sentar bases sólidas para el crecimiento».

Medio millón de trabajos para energía renovable. Unos 400,000 para reparar la tercera parte de las grandes rutas, que están en malas condiciones. Cientos de miles para digitalizar los registros médicos y otros tantos para reequipar las escuelas públicas. Un crédito sobre impuestos de US$1.000 para el 95 por ciento de las familias trabajadoras.

Lo más novedoso de la propuesta de Obama, sin embargo, es menos visible y constituye la materia misma en la que está tramado su plan. En primer lugar está la idea de que el gobierno tiene un papel para cumplir. Desde Ronald Reagan, para quien el gobierno era el problema, esa idea había sido borrada del imaginario norteamericano.

Otra meta igualmente importante es la búsqueda de coincidencias con la oposición porque el país es uno solo, algo en lo que Obama insiste desde su discurso ante la Convención Demócrata de 2004 que proclamó la fórmula John Kerry-John Edwards.

«No existe un país liberal por un lado y un país conservador por otro: existen los Estados Unidos de América», dijo aquella vez.

También en ese punto, el New Deal de Roosevelt es el modelo que inspira a Obama. En 1933, cuando clamaba por la unidad de los dos grandes partidos tras la caída en masa de los bancos, Roosevelt dijo que sólo la división interna llevaría al país a la derrota, una amenaza que desvela a los norteamericanos desde los tiempos de Abraham Lincoln.

El 12 de enero, ocho días antes de asumir, Obama le pidió a Bush que gestionara en el Congreso la segunda parte del plan de rescate — US$350,000 millones — del sistema financiero. Nadie lo esperaba, pero Bush accedió.

Los guiños de Obama a los republicanos son amplios. Ha incluido en su gabinete a dos funcionarios de Bush — el secretario de Defensa Robert Gates y el asesor de Seguridad Nacional James L. Jones — y ha invitado como orador en la asunción, el próximo martes, al pastor Rick Warren, quien se opone a la unión entre homosexuales.

Obama es un político pragmático.

«Esto no es un ejercicio intelectual», dijo sobre el plan de estímulo. «Si los miembros del Congreso tienen buenas ideas, voy a aceptarlas».

Por rápido que el Congreso vote, no habrá milagros.

«Nos llevará unos 10 años salir de esta», cree Donna Finley, una agente de viajes de 57 años con dos hijos en la universidad. «Quizá tengamos que aprender a vivir en depresión económica, con ricos muy ricos y pobres muy pobres a los que se irá acercando la clase media.»

Según los especialistas, nada evitará que los desatinos de Wall Street sigan influyendo durante los primeros seis meses del año. Con suerte, Obama logrará crear 4 millones de puestos de trabajo para compensar la pérdida de otros tantos.

Eso ya es mucho. No sólo significa que 4 millones de familias no sufrirán lo que sufrirían sin esa intervención del Estado, sino que revela que el gobierno tiene un lugar de importancia contra lo que sostuvo la visión conservadora desde 1980, y que también Clinton sufragó a su manera.

«La era de los gobiernos grandes ha terminado», dijo el ex presidente, mientras hoy su correligionario asume convencido de que «sólo el gobierno puede romper los ciclos viciosos que están paralizando nuestra economía».

Y aunque una gestión no puede crear empleo o crecimiento a largo plazo, puede cambiar otras cosas.

«Mientras los codiciosos continúen operando sin control, mientras nadie se haga responsable por sus acciones, mientras se siga recompensando a los que nos llevaron a esta situación, nada va a cambiar y seguiremos en una espiral descendente», cree Neil Yost, que se graduó en la universidad hace un año y lleva ya seis meses sin trabajo. Obama no cuenta con mucho tiempo para probar que el Estado puede mejorar la vida de los ciudadanos.

Estados Unidos llega sin aliento al 20 de enero, con tantas amarguras acumuladas que las esperanzas ofrecidas pueden caer en tierra infértil y transformarse demasiado rápido en desilusión.

UN RADICAL EN LA CASA BLANCA

Por Thomas L. Friedman

Experto en política internacional
Derechos especiales para este libro

Por un día, por una hora, inclinemos la cabeza como país. A casi 233 años de nuestra fundación, a 144 años del final de nuestra Guerra civil y 46 años después del discurso de «Yo tengo un sueño» de Martin Luther King, este loco mosaico de inmigrantes conocidos como estadounidenses finalmente eligió a un hombre negro, Barack Hussein Obama, como su presidente.

Al volver caminando de la toma de posesión, vi a un vendedor ambulante afroestadounidense, vestido con una camiseta hecha en casa que capturaba muy bien el momento e incluso iba más allá. Decía: «Misión Cumplida».

Sin embargo, no podemos permitir que este sea el último molde que rompamos, ya no digamos la última gran misión que logremos. Ahora que ya superamos la biografía, necesitamos escribir un poco de nueva historia -la cual reinicie, reviva y revigorice a Estados Unidos. Eso, para mí, fue la esencia del discurso de Obama en su toma de posesión y tengo la esperanza que nosotros- y él -realmente estemos a la altura de dicha tarea. De hecho, me atrevo a decir, abrigo la esperanza de que Obama realmente haya estado haciendo amigos en todos estos años con ese viejo radical de Chicago, Bill Ayers. En verdad albergo la esperanza de que Obama sea un radical de clóset.

No un radical de izquierda o derecha, tan sólo radical, debido a que estamos en un momento radical. Es un momento para distanciamientos radicales de la forma usual de actuar en muchísima áreas. Ya no podemos prosperar como país viviendo de nuestra reputación, posponiendo soluciones a cada gran problema que pudiera involucrar algún dolor y diciéndonos que nuevas y drásticas iniciativas —como un impuesto a la gasolina, cuidado de salud en el ámbito nacional o la reforma bancaria— son demasiado difíciles o que están «fuera de la mesa» de discusión. Así que mi esperanza más ferviente en cuanto al Presidente Obama e que él sea tan radical como este momento; que ponga (se abren cursivas) todo (se cierran cursivas) sobre la mesa.

Las oportunidades para audaces iniciativas y verdaderos nuevos comienzos son inusuales en nuestro sistema, en parte debido a la mera inercia y el estancamiento integrados en el diseño de nuestra Constitución, con su deliberada separación de poderes, y en parte debido a la forma en que dinero de grupos de intereses, un ciclo noticioso las 24 horas, aunado a una campaña presidencial permanente, conspiran en su totalidad para detener por completo los grandes cambios.

«El sistema está diseñado para el estancamiento», dijo Michael J. Sendel, el teórico político de la Universidad de Harvard. «En tiempos ordinarios, la energía y dinamismo de la vida estadounidense residen en la economía y en la sociedad, y la gente ve al gobierno con recelo o indiferencia. Pero en tiempos de crisis nacional, los estadounidenses vuelven la mirada al gobierno para que resuelva problemas fundamentales que los afectan de manera directa. Estos son los tiempos en que los presidentes pueden hacer grandes cosas. Estos momentos son una rareza. Sin embargo, ofrecen la ocasión para el tipo de liderazgo que puede reconfigurar el panorama político, así como redefinir las condiciones de la discusión política a lo largo de una generación».

En los años 30 del siglo XX, la Gran Depresión le permitió a Franklin D. Roosevelt lanzar el New Deal y redefinir la participación del gobierno federal, agregó, al tiempo que en los años 60, el asesinato de John F. Kennedy y «el fermento moral del movimiento por los derechos civiles» le permitió a Lyndon B. Johnson promulgar su programa de la Gran Sociedad, incluido el plan de salud Medicare, la Ley de los Derechos Civiles y la Ley de Derechos al Voto.

«Estas presidencias en Estados Unidos hicieron más que promulgar nuevas leyes y programas», concluyó Sandel. «Reescribieron el contrato social, redefiniendo qué significa ser un ciudadano. El momento de Obama, así como su presidencia, podría tener consecuencias de gran magnitud».

George W. Bush dilapidó por completo su momento posterior al 11 de septiembre de 2001 para convocar al país con miras a una nueva y drástica reconstrucción en el ámbito nacional. Esto nos ha dejado con algunos hoyos muy profundos. Estos hoyos — y la amplia conciencia que nosotros estamos al fondo de ellos — es lo que hace de este un momento radical, el cual exige distanciamientos radicales respecto de la forma usual de hacer las cosas, encabezados por Washington.

Es por esta razón que este elector espera que batee apuntando a las vallas. Sin embargo, él también debe recordar que tiene que tocar las bases. George W. Bush bateó algunos jonrones, pero, con frecuencia, fracasó en el elemento más básico del liderazgo: la administración competente y el seguimiento.

El Presidente Obama tendrá que decidir justamente cuántas bardas puede volar en una sola oportunidad: ¿las grandes negociaciones con respecto a tener algo justamente merecido y la reforma a la inmigración? ¿Un sistema nacional de salud? ¿Una nueva infraestructura de energía limpia? ¿La nacionalización y reparación de nuestro sistema bancario? ¿Será todo o una sola? ¿Algunas ahora y otras después? Aún es muy pronto para saberlo.

Sin embargo, sí sé lo siguiente: Si bien es terrible desperdiciar una crisis, también lo es desperdiciar a un gran político, con un don natural para la oratoria, una inusual habilidad para unir a la gente, así como a una nación, particularmente su juventud, lista para ser convocada y para servir.

Así que, en suma, si bien resulta imposible exagerar el radical distanciamiento que constituye de nuestro pasado el hecho que hayamos visto a un hombre negro rindiendo juramento como el presidente, es igualmente imposible exagerar hasta qué grado nuestro futuro depende de un distanciamiento radical de nuestro presente. Como el mismo Obama declaró desde los escalones del Capitolio: «Nuestro momento de negarnos a cambiar de opinión, de proteger estrechos intereses y posponer desagradables decisiones ese tiempo ya pasó, con toda seguridad».

Necesitamos regresar a trabajar en nuestro país y nuestro planeta en formas que sean enteramente nuevas. Ya es tarde, el proyecto no podría ser más difícil, lo que está en juego no podría ser mayor y la recompensa no podría ser mejor.

LOS AUTORES

FELIPE GONZÁLEZ - Político español, secretario general del Partido Socialista Obrero Español (PSOE) desde 1974 a 1997 y tercer presidente del Gobierno desde la reinstauración de la democracia en España, desde 1982 a 1996.

Estuvo 13 años y medio en la presidencia del Consejo de Ministros, uno de los mandatos más largos no ya de la democracia, sino de la historia moderna de España. Bajo su dirección el PSOE logró dos mayorías absolutas consecutivas: la histórica de 1982, con 202 diputados en el Congreso, y en 1986, elecciones en las que obtuvo 184 diputados; asimismo, en 1989 obtuvo 175 diputados, exactamente la mitad de los que componen el hemiciclo. Por el contrario en 1993, el PSOE perdió la mayoría absoluta, ya que obtuvo 159 diputados teniendo que pactar con Convergència i Unió (CiU). En 1996, perdió las elecciones obteniendo 141 diputados por 156 del Partido Popular (PP). En 2000, consiguió un acta como diputado al Congreso de los Diputados; después de eso se retiró de la política activa. Y se desempeña como conferencista y columnista.

Mikhail Gorbachev - Licenciado en Derecho por la Universidad Estatal de Moscú (1955) y en Ingeniería Agrícola por el Instituto Superior Local de Agricultura de Stavropol (1967). En 1952 se sumó a las filas del Partido Comunista de la Unión (PCUS).

En marzo de 1990 se convirtió en Presidente de la Unión Soviética. Un año después, el 25 de diciembre, Gorbachev dimitió de su cargo, produciéndose al mismo tiempo la disolución de la Unión de Repúblicas Socialistas Soviéticas. Gorvachev ha pasado a la historia por haber implantado la democracia en la Antigua Unión Soviética y poner fin a la Guerra Fría. Premio Nobel de Paz 1990.

Actualmente preside la Gorbachev Foundation, que él mismo fundó en 1992, así como la Cruz Verde Internacional y el Civic Forum Movement.

PAUL ROBIN KRUGMAN - Economista, divulgador y periodista norteamericano, cercano a los planteamientos neokeynesianos. Actualmente profesor de Economía y Asuntos Internacionales en la Universidad de Princeton. Desde 2000 escribe una columna en el periódico *New York Times* y, también, para el periódico colombiano El Espectador. En 2008 fue galardonado con el Premio Nobel de Economía.

Ha sabido entender lo mucho que la economía tiene de política o, lo que es lo mismo, los intereses y las fuerzas que se mueven en el trasfondo de la disciplina; el mérito de Krugman radica en desenmascarar las falacias económicas que se esconden tras ciertos intereses. Se ha preocupado por replantear modelos matemáticos que resuelvan el problema de ¿dónde ocurre la actividad económica y por qué? La filosofía económica de Krugman se puede describir lo mejor posible como neokeynesiana. Políticamente es considerado un liberal.

JORGE G. CASTAÑEDA - Catedrático y ex secretario de relaciones exteriores de México, Jorge Castañeda fue canciller de México durante los años 2000 al 2003. Actualmente es Profesor Global Distinguido de la Universidad de Nueva York y miembro de The New America Foundation. Es autor o coautor de ocho libros, incluyendo la biografía del lider guerrillero Ernesto Che Guevara, *La Vida en Rojo: Una Biografía del Che Guevara, Perpetuando el Poder.*

Sus ensayos y comentarios han sido publicado en *Foreign Affairs, The New York Times, The Atlantic Monthly e Inter-American Dialogue.*

GERMÁN SANTAMARÍA - Ha obtenido diversos primeros premios en concursos nacionales e internacionales de cuento, novela y periodismo, habiendo recibido, entre otros, el Premio Nacional de Periodismo Simón Bolivar en cuatro ocasiones, el internacional Merhengiger de Canadá, el de la Organización Continental Latinoamericana de Estudiantes, (Oclae) y el Iberoamericano de Novela en Chile.

Es considerado uno de los más importantes cronistas de todos los tiempos en Colombia y su trabajo en este campo lo inició en el desaparecido diario *El Cronista de Ibagué*, luego en el diario *El Tiempo* donde permaneció por doce años calificado como su cronista estrella y actualmente en la revista *Diners*, de la cual es director.

Su novela *No morirás* obtuvo el premio Iberoamericano de Novela en Santiago de Chile, con varias ediciones en Colombia y ha sido traducida al inglés, italiano y francés.

JORGE RAMOS - es el conductor del Noticiero Univision, que se ve en Estados Unidos y 13 países de América Latina. El periodista mexicano ha ganado varios premios Emmy y ha escrito nueve libros: *Detrás de la Máscara, Lo Que Vi, La Otra Cara de América, A la Caza del León, Atravesando Fronteras, La Ola Latina, Morir en el Intento, El regalo del tiempo,* y últimamente *Me Parezco Tanto a mi Papá/Me Parezco Tanto a mi Mamá.* Fue nombrado uno de los 25 Hispanos más influyentes de Estados Unidos por la revista *Time.*

TOMÁS ELOY MARTÍNEZ - Autor de *La Novela de Perón*, de *Santa Evita*, de *El Vuelo de la Reina»* que ganó en España el premio Alfaguara de Novela, y de *El Cantor de Tango*. Fue nominado recientemente por el primer Premio Internacional de Man Booker, un premio bianual en reconocimiento del total de las obras de vida. Sus libros se han traducido a más de 30 idiomas.

Es director del programa de Estudios Latinoamericanos en la Universidad de Rutgers y realiza viajes frecuentes como escritor y periodista.

Thomas L. Friedman - Prestigioso experto en política internacional y economía, es uno de los periodistas más respetados e influyentes del mundo.

Estudió en Boston, Jerusalén, El Cairo y Oxford. Empezó a trabajar en *The New York Times* como reportero en 1981, y desde entonces ha ganado en tres ocasiones el Premio Pulitzer por su labor en dicho periódico y ha viajado por todo el mundo como corresponsal del mismo.

Friedman es también autor de libros que han sido un éxito de ventas a escala internacional: *From Beirut to Jerusalem* ganador del US National Book Award, y que hoy utilizan muchas escuelas y universidades como manual de referencia sobre Oriente Medio, *The Lexus and the Olive Tree* (su primera y aclamada obra sobre la globalización) y *Longitudes and Attitudes* una recopilación de reportajes y reflexiones motivados por el 11 de septiembre de 2001.